# 2級建築士
## エスキースでとく
## 設計製図試験

設計製図試験研究会=編著

彰国社

# はじめに

　本書は、2級建築士の設計製図試験の全貌と設計案をつくり上げるためのエスキースの仕組みを理解してもらおうという主旨で構成されていて、課題発表の前でも活用できるし、課題発表後もエスキース術を学べるテキストです。

　工事関係や設計以外の業務に従事している受験生にとっては、設計製図の試験自体が馴染みがなく、また、日ごろから設計業務に従事している受験生にとっても、日常はCADの図面で仕事をしているので、短時間で設計案を作成することや手描きの図面を描くことが苦手になっています。

　実際の建築設計活動では、設計条件が決まると、数日間は、敷地の調査や資料集め、実例集などを調べ、その後に簡単なエスキース図を描きながら設計案を煮詰めていきます。それに比べると、設計製図試験は5時間という短かさです。2級建築士の試験は、1級の試験よりは設計条件が少なく、規模も小さいのですが、住宅系の設計課題では、設計の自由度がある反面、矩計図を含めて5種類の図面を求められ、大変な作業になります。設計製図試験は、設計と製図の2本立てです。両方の作業を5時間で行うという特別な状況なので、短時間集中型のエスキース法が必要で、なおかつスピード感と表現力のある製図が求められます。エスキースが上手くまとまらないと、製図も上手く仕上がりません。設計条件に合った良いエスキースをつくり出すには、日ごろから設計に関するイメージを高めるトレーニングが必要となります。

　この本では、エスキースを上手くまとめるには、普段からどんなことを学んでいたらよいか、エスキースをどこから始めてどのように進めればよいかを解説しています。

　序で設計製図試験の概要を述べ、I章ではゾーニングとプランニングという、エスキースのコツをまとめ、II章では単位空間のユニットの資料集、そしてIII章の構造計画のポイントが続くという構成です。自分の得意とする部分を伸ばし、苦手とする部分を補いながら、エスキースのコツを習得するという構成となっています。

　建築士が設計を行う場合、自分の設計方法論を持っているべきであると考えています。試験のために身に付けた「短時間集中型のエスキース法」は、実際の設計の実務にも活かせると思います。そして、試験の合格後も、このテキストで学んだことが、おおいに活用されることを望んでいます。

設計製図試験研究会
2013年5月15日

【目次】

# 序｜2級建築士の設計製図試験に向けて　7

# I｜エスキースのコツ　13

## 1　エスキースのイメージトレーニング　14
❶ エスキースとは　14
❷ 3つのトレーニング　16

## 2　ゾーニングの方法（エスキースの第1段階）　19
❶ ゾーニングとは　19
❷ 住宅の機能を図にする　21
❸ 平面形状と分割、延べ面積の関係　23
❹ 敷地の中の建築エリアを決める　24
❺ ゾーニングのテーマとキーポイントの見つけ方　25
❻ ゾーニング条件を読む（木造・住宅系）　26
❼ ゾーニングの始め方（木造・住宅系）　28
❽ 設計課題のゾーニング（木造・住宅系）　29
❾ ゾーニング条件を読む（RC造・小規模公共建築系）　30
❿ ゾーニングの始め方（RC造・小規模公共建築系）　32
⓫ 設計課題のゾーニング（RC造・小規模公共建築系）　33

## 3　プランニングの方法（エスキースの第2段階）　34
❶ プランニングとは　34
❷ プランニングの進め方　36
❸ 断面図のスタディ　38
❹ 伏図のスタディ　39
❺ プランニングの中間チェック　40
❻ 木造・住宅系のプランニング例　41
❼ RC造のプランニング　46
❽ エスキースの最終チェックリスト　52

## II｜単位空間のユニット　53

### 1　木造住宅編　54
- 1 単位空間　54
- 2 玄関・玄関ホール　55
- 3 居間　56
- 4 食事室　57
- 5 台所　58
- 6 LDK・L＋DK・LD＋K　59
- 7 夫婦寝室　60
- 8 子供室　61
- 9 和室　62
- 10 洗面・脱衣室　63
- 11 浴室　64
- 12 便所　65
- 13 ユーティリティ　66
- 14 収納　67
- 15 階段　68
- 16 外部施設　69

### 2　RC造編　70
- 1 玄関ホール　70
- 2 会議室　71
- 3 和室　72
- 4 便所　73
- 5 階段・EV タイプ1　74
- 6 階段・EV タイプ2、3　75
- 7 階段・EV タイプ4、5　76
- 8 階段・EV タイプ6　77
- 9 外部施設　78

## III｜構造計画のポイント　79

- ❶ 木造のエスキースのポイント　80
- ❷ 木造の軸組　81
- ❸ 木造の耐力壁の長さと配置　82
- ❹ 木造の基礎　84
- ❺ 木造の部材寸法　85
- ❻ RC造のエスキースのポイント　86
- ❼ RC造のスパンの考え方　87

# 序　　2級建築士の設計製図試験に向けて

2級建築士の資格を得るためには、建築士法に定められた「学科試験」に合格した後、2次試験である「設計製図試験」に合格しなければなりません。本書は、この「設計製図試験」に合格するために必要な実力を短期間で身に着けるための勉強方法と知識をまとめたものです。
序では、2級建築士設計製図試験にかかわる基礎知識をまとめています。

## 2級建築士の設計製図試験とは

2級建築士における学科の試験は、設計・工事監理に必要な知識を確認する試験です。これに対し、設計製図試験は設計（計画）と製図の能力を実技で試すものです。設計課題の要求を十分に理解し具体的な空間として図面化することが求められます。注意しなければならないのは、設計条件に適合しているものが合格図面となりますが、学科試験とは異なり解答は一つではないことです。図面が平面図と矩計図など複数の図面間で整合性がとれているか、採点者からみて完成図面が見やすく理解可能なものかどうかも審査の対象に含まれます。

たとえば、平面図と立面図で開口部の位置が違えば大きな減点は免れず、また、鉛筆の線が汚く壁と開口部の判別が困難なものなどは不合格の大きな要素となります。図面として、採点者に意図が正確に伝わらなければならないのです。採点は基本的に減点法によるといわれています。減点箇所を可能な限り減らし、設計条件に適合し、不整合のない図面を時間内に完成させることが合格の条件となります。

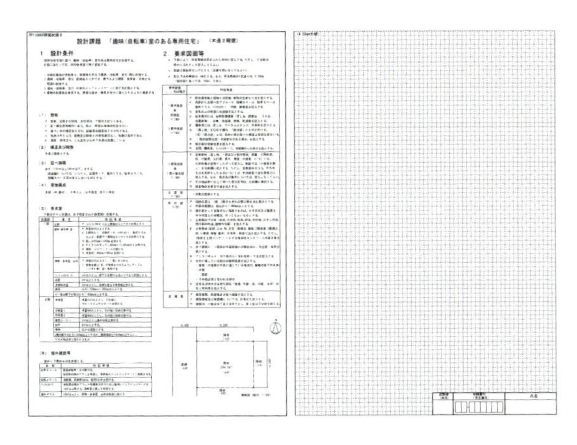

**問題用紙（A2）**
設計課題／設計条件／要求室／要求図面

**解答用紙（A2）**　※木造住宅の例
平面図／立面図／床伏図／矩計図

## 設計課題の規模、面積は決まっている

設計課題では建築士法で2級建築士が設計・工事監理できる規模の建物が対象となります。下の表のアミ掛けの範囲が業務可能な範囲となります。木造では3階建以下で延べ面積500m²以下、鉄筋コンクリート造、鉄骨造では3階建以下で延べ面積300m²以下の範囲です。

| 構造 | | 木造建築物 | | | | 非木造(RC造・S造) | | |
|---|---|---|---|---|---|---|---|---|
| 高さ・階数 | | 平屋 | 2階建 | 3階建 | 軒高>9m | 2階建以下 | 3階建以上 | 軒高>9m |
| 延べ面積 (L) m² | L≦30 | | | | | | | |
| | 30<L≦100 | | | | | | | |
| | 100<L≦300 | | | | | | | |
| | 300<L≦500 | | | | | | | |
| | 500<L≦1000 一般 | | | | | | | |
| | 　　　　　　特殊 | | | | | | | |
| | 1000<L　一般 | | | | | | | |
| | 　　　　特殊 | | | | | | | |

設計製図試験課題の規模、面積がこの範囲を超えることはありません。また、解答用紙がA2判であること、要求図面が1/100であることなどから、敷地面積は約300m²、延べ面積は木造・住宅系は200m²前後、RC造・小規模公共建築系が約280m²程度が課題として出題されることが大半です。階数は2階建てが多く、3階建ては過去1回だけ出題されているだけです。そのため、階数は2階建て、上記の延べ面積を念頭に置き準備することがよいでしょう。

建物の構造では木造と非木造(鉄筋コンクリート造・鉄骨造)の課題があります。近年の傾向としては木造・木造・非木造と3年周期が定着していますが、変更される可能性もあり、毎年6月ごろの課題発表で確認する必要があります。

## 設計製図試験には制限時間がある

設計製図試験で問われるものは実務における設計業務のシミュレーションと捉えることもできます。実務では計画地の敷地条件を調査し、建築主の意向を把握し計画案を作成します。設計製図試験では課題文にある敷地条件、設計条件と要求室を理解したうえで解答図面を作成します。このプロセスだけを見れば共通しているといえます。

しかし、設計業務と合格図面を作成することはまったく別の状況だと考えなくてはいけません。実務では十分な時間をかけて計画案を練り上げることができますが、試験では5時間という限られた制限時間内にすべての解答図面を完成させなければいけないからです。このことが最大の違いでしょう。実務経験豊かな人はこのことを忘れて不合格となる場合があります。

---

【最近の課題例】(全ブロック共通)
課題が全ブロック共通となった平成19年以降、「木造・木造・RC」の周期が繰り返されている。

| 平成24年 | 「多目的スペースのあるコミュニティ施設」<br>RC・2階 |
|---|---|
| 平成23年 | 「趣味(自転車)室のある専用住宅」<br>木造・2階 |
| 平成22年 | 「兄弟の二世帯と母が暮らす専用住宅」<br>木造・2階 |
| 平成21年 | 「商店街に建つ陶芸作家のための工房のある店舗併用住宅」<br>RC・3階 |
| 平成20年 | 「高齢者の集う趣味(絵手紙)室のある二世帯住宅」<br>木造・2階 |
| 平成19年 | 「住宅地に建つ喫茶店併用住宅」<br>木造・2階 |

## 設計はエスキースから始まる

設計製図試験では、課題条件を熟読しエスキースを行いフリーハンドで概略のプランを完成させます。このエスキースをなるべく短時間に終わらせることが合格するための大きな条件といえます。

本書では、Ⅰ章「エスキースのコツ」においてエスキースの進め方について詳しく述べています。課題文の読み方から建物のゾーニング、空間ボリューム、空間構成要素の配置(プランニング)などのコツについて解説しています。

エスキースを進めるためには基礎知識として居間・食堂、寝室、トイレ、洗面脱衣、浴室などの単位空間の大きさ、家具や設備機器の配置などが必要となります。これについてはⅡ章「単位空間のユニット」において単位空間ごとにわかりやすくまとめています。

## 設計(エスキース)の基礎知識

◉道路と敷地の関係

実際の住宅設計でも道路と敷地の関係は重要です。敷地の高低差、歩道の有無、道路幅員と自動車駐車スペースの関係などは建物の配置、玄関のアプローチなどを決めるうえで十分な検討が必要です。

◉周辺環境への配慮

周辺環境との関係も配置計画・プランニングを考えるうえで重要です。隣地側にどのような施設があるか、どのような環境かを課題文から読み取らなくてはなりません。その年によって異なりますが、これまでの例では「商店街に面する」「公園に隣接する」「道路とは別に歩行者専用道路に面する」などさまざまな条件が示されています。

◉建築基準法の知識(2級建築士試験)

設計製図試験が木造の場合、専用住宅、二世帯住宅、店舗併用住宅などの出題が定着しています。そこで設計製図試験の基礎知識として木造住宅関係の建築基準法に関してしっかり勉強しておく必要があります。

建築基準法については集団規定である建ぺい率、容積率、つまり建築面積や床面積の算定方法、道路斜線や北側斜線などの理解、単体規定である床高、天井高、階高、軒高、廊下や階段の寸法、環境面では採光、換気等の意味と計算方法の理解などが必要となります。学科試験の法規などをもう一度、設計という視点で読み直しておきましょう。

◉建物用途、構造に必要な基礎知識

計画面では高齢者対応の設計とはどういうものか、併用住宅の場合は併用する用途の理解が不可欠となります。平成23年には「趣味(自転車)室のある専用住宅」という課題が出題されました。この場合、自

---

エスキース(esquisse[フランス語]):下準備のスケッチ。建築などのための大まかな構想図をつくること。

詳しくはⅠ章「エスキースのコツ」を参照のこと。

【建築面積(建ぺい率)・床面積(容積率)】
軒の出が1m以上突き出した場合、その先端から1mまで建築面積不算入

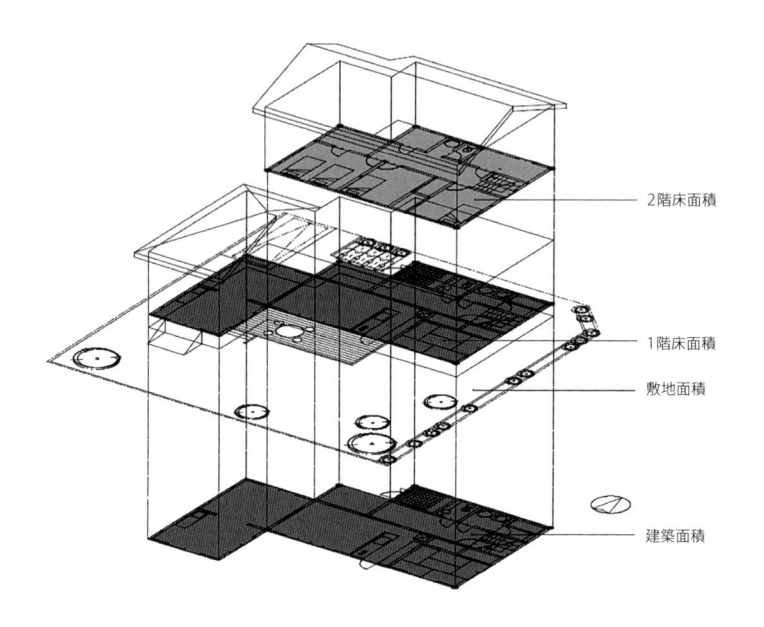

（図：2階床面積／1階床面積／敷地面積／建築面積）

転車の趣味に関する基礎知識が必要となりました。その年の課題に即した準備が不可欠となります。

また、構造の基礎知識も設計課題によっては木造以外の構造基礎知識の勉強が必要となります。構造についてはIII章「構造計画のポイント」をよく読み、木造の基礎、部材寸法あるいはRC造の部材寸法、柱間隔＝スパンの基本についても勉強しておきましょう。

### 製図（ドローイング）の基礎知識

●図面の意味

木造住宅系の課題では、たいていは平面図、立面図、2階床伏図、矩計図を描くことが求められています。まれに断面図が求められたこともあります。

憶えておいてほしいのは、平面図は単なる間取り図ではないことです。建物の水平断面と理解するべきでしょう。平面図には部屋の配置、

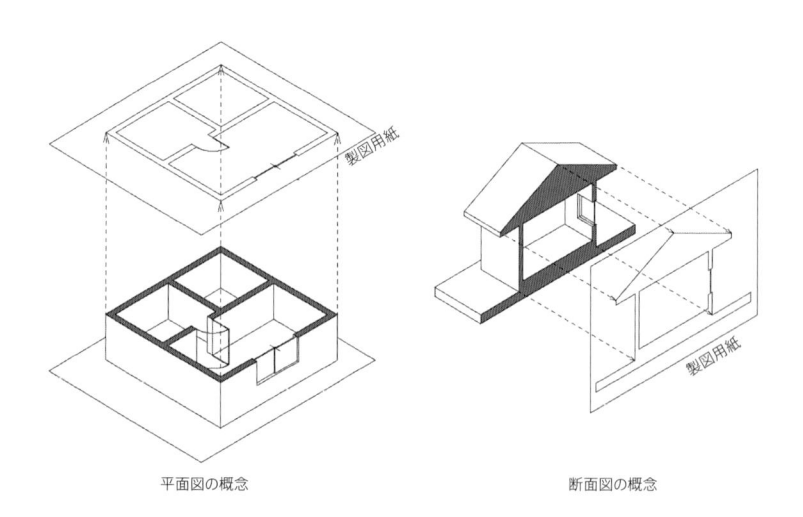

平面図の概念　　　　断面図の概念

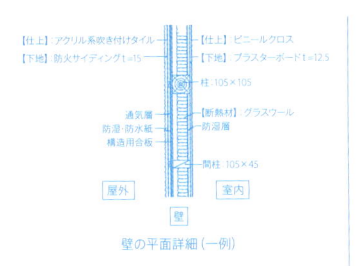

【仕上】アクリル系吹き付けタイル
【下地】防火サイディングt=15
【仕上】ビニールクロス
【下地】プラスターボードt=12.5
通気層
防湿・防水紙
構造用合板
【断熱材】グラスウール＝防湿層
柱:105×105
間柱:105×45
屋外　室内
壁

壁の平面詳細（一例）

【実際の壁の構造】

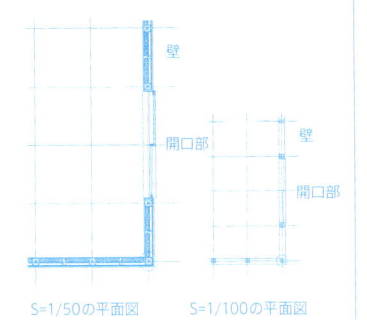

壁　開口部　壁　開口部

S=1/50の平面図　　S=1/100の平面図

【平面図の例】
スケールによって、図面に描き込まれる情報が異なる。

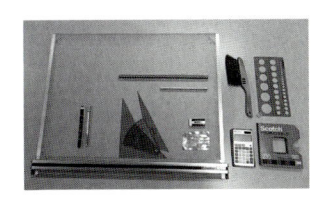

試験会場に持ち込める製図道具の例

線を引く時には、シャープペンシルをゆっくり回転させる

広さ以外に柱、構造耐力壁、開口部や採光、通風など環境に関する窓や換気扇などの内容も表現します。

また、矩計図は建物の高さ関係、床高、階高、天井高さ、窓の高さ、内部、外部の仕上げなど建物の詳細な情報を含む図面です。一般的に設計製図試験の矩計図は暗記物のように考える人もいますが、建物の構造、材料の基礎知識を理解したうえで製図をすれば迷いも少なく、短時間に完成させることができます。

●図面（S=1/100）の表現

解答図面は矩計図以外は基本的にS=1/100で書きます。つまり100mmのものが図面上では1mmとなります。このスケールでの表現はいろいろなものを省略しなければなりません。しかし、絶対に必要な要素があり、これは省略できません。その要素とは「柱」「壁」「開口部」の明確な表現です。1/100では左図のようになります。

## 製図道具の使い方

●試験に必要な製図道具

| 1）平行定規<br>事前に使い込み、慣れておくこと | 6）消しゴム・字消し板<br>安物の消しゴムは紙が汚れる恐れあり |
|---|---|
| 2）勾配定規<br>60°、45°の三角定規でも可 | 7）ブラシ<br>消しゴムのかすを掃除するもの |
| 3）三角スケール<br>30cm、15cmの2種類を用意する | 8）ドラフティングテープ<br>マグネットテープも可 |
| 4）シャープペン<br>0.5mm以上でHBより濃い芯を使う | 9）電卓<br>使い慣れたものを用意する |
| 5）○書き、□書きのテンプレート<br>トイレや家具のテンプレートは持ち込み不可 | 10）蛍光ペン（2色以上）<br>問題文のマーキングに用いる |

●製図道具の使い方

平行定規と三角定規による基本的な線の引き方を学んでおきます。まず、平行定規にドラフティングテープで解答用紙を固定します。水平線は平行定規を使い、左から右へ線を引きます。垂直線は三角定規の垂直部分を使い下から上へ向けて線を引きます（これが基本、上から下ではありません）。シャープペンシルをゆっくり回転させながら線を引きます。回転させることによって線の太さを一定に保つことができます。

## 手を動かす訓練は欠かせない

合格図面を書くためには採点者が"見やすい図面"を完成させなければなりません。とはいえ、"見やすい図面"と"きれいな図面"では意味が異なります。試験で要求されているのは、あくまで"見やすい図面"です。躯体の切断線（太く）なのか、家具などの見えがかり線（細く）なのか

など線の表現する意味に応じて、濃淡をはっきりさせて意図が伝わりやすいように心がけることが大切です。たとえ紙が鉛筆の粉で汚れていても、メリハリのある図面は見やすいものです。また数字、室名などの文字は大きさを揃え崩さずに書きましょう。それだけで図面が大変見やすくなります。

壁と開口部の差が明確にわかるメリハリのある図面、寸法や室名などの文字が読みやすい図面を書くためには「線を引く」「文字を書く」という練習が絶対に必要となります。

最近では、図面のほとんどがCADでつくられます。そのため手書き図面の経験が少ない人が多いのが現実です。手書きに不慣れな人は線を引く、文字を書くという作業そのものが身についておらず、試験本番で時間不足のため図面を完成させることができずに、不合格となってしまいます。図面を時間内に完成させるためには、スポーツの練習のように手を動かす訓練が必要です。このことに関してはただただ自助努力あるのみと考えましょう。

### 設計製図の時間配分

設計製図試験は5時間という時間との戦いです。I章でも触れますが下記のような時間配分を目安とします。

| 試験時間5時間 ||||
|---|---|---|---|
| 問題文の読み込み<br>エスキース | 計画の<br>要点 | 製図<br>平面図・床伏図・立面図・矩計図・面積表 | 見直し |
| 1時間 | 20分 | 3時間20分 | 20分 |

### 試験会場での工夫、用具の準備など

試験会場の机は狭く、平行定規や製図道具、問題用紙などで混乱しがちです。たとえば落としやすい消しゴムと字消し板を紐でつなぎ首からかけておくとか、ポケットのあるエプロンを着用して予備のシャープペンシルや蛍光ペンを挿すなど、ちょっとした工夫で時間短縮が図れます。また、平行定規が机の上で滑らないよう滑り止めを付けておくなどの工夫も有効です。試験会場では作業が滞らないための工夫をあらかじめ考えることも、必要な備えとなります。

# I｜エスキースのコツ

# I-1 エスキースのイメージトレーニング

## ❶ エスキースとは

**形態と機能**
●形態(Form)とは、外観の形や空間の形を表す。
●機能(Function)とは、ある物が本来備えている働きや全体を構成する個々の部分。

**建築家の名言**
●「形態は機能に従う」
(Form follows function.)
建築家 ルイス・サリヴァン(1856〜1924)
●「住宅は住むための機械である」
(Machines à habiter)
建築家 ル・コルビュジエ(1887〜1965)
●「美しきもののみが機能的である」
建築家 丹下健三(1913〜2005)

**建築の美しさ**
●建築の美しさは、環境や形態、社会性や時代性と関係するが、建築設計の基礎として、機能と美しさに重点をおく。

### 設計の考え方を図式化・図面化

実際に建築を計画・設計するときに、敷地条件、用途などのさまざまな条件をもとに、設計の考え方をまとめて図式化や図面化する作業を行いますが、これを「エスキース」と呼びます。エスキースの段階でどこまで深く検討するかにより、実現する建築のあり方に大きな違いが生じるため、とても重要となります。

### エスキース力が製図の出来を左右

設計製図の試験でも、製図作業に入る前に行うエスキースは重要なプロセスで、設計条件に合致したエスキースを仕上げることが、製図の出来上がりに大きくかかわります。

2つのエスキースを見てください。[図1]程度のエスキース(ゾーニング)を描いてすぐに製図に取り組むことができる人もいるかもしれませんが、ごく少数でしょう。それをさらに進めて[図2]程度のエスキース(プランニング)を描くことのできる実力を身につけるための方法を本書では述べることにします。それは、設計製図試験に合格するために必要なばかりではなく、設計実務においても必要不可欠な技能でもあります。

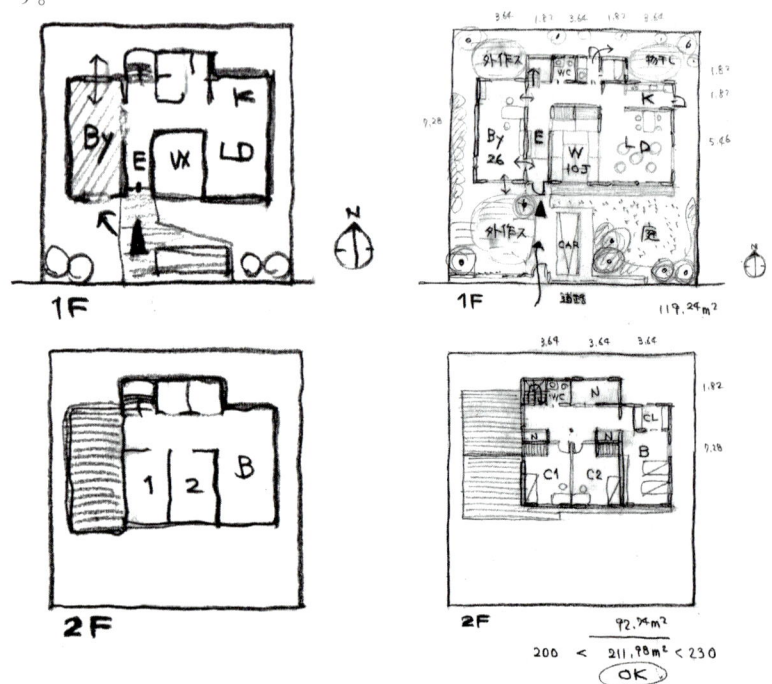

[図1]エスキース　第1段階(ゾーニング)　　[図2]エスキース　第2段階(プランニング)

# エスキースに入る前の基礎知識

## 建築設計とは

実際のエスキースに入る前に、基本的なことを整理しておこう。

建築設計とは、街の環境やそこで暮らす人々の生活をデザインすることです。デザインは形態や意匠と訳されることが多いのですが、それだけに限らず、人間の行為をよりよいかたちで実現することも意味します。

建築デザインは、そこに設計者の何らかの意図が加わり、美的要素を兼ね備えたコトとモノのかかわりを生み出すことも含まれます。

## 創造活動としてのエスキース

建築における創造活動と設計活動を対応させ、さらに本章の設計フローを対応させると[図3]のようになります。本書では、製図作業(ドローイング)に入る前までのエスキースの1と2を学んでいきます。

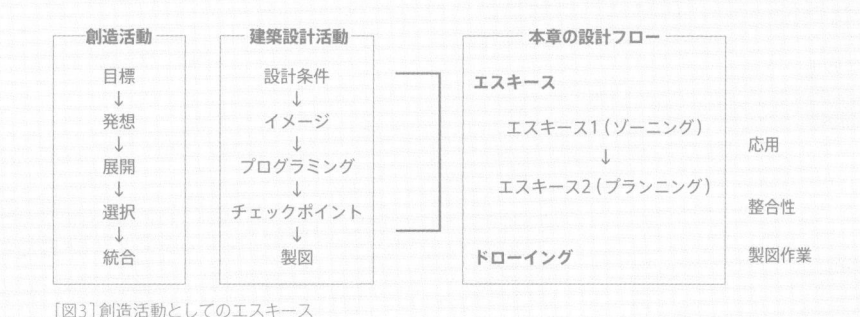

```
┌─ 創造活動 ─┐   ┌─ 建築設計活動 ─┐   ┌─ 本章の設計フロー ─┐
    目標             設計条件            エスキース
     ↓                ↓                      
    発想             イメージ          エスキース1(ゾーニング)      応用
     ↓                ↓                    ↓
    展開            プログラミング       エスキース2(プランニング)   整合性
     ↓                ↓                    
    選択           チェックポイント       
     ↓                ↓                ドローイング            製図作業
    統合              製図
```

[図3]創造活動としてのエスキース

## 建築はヒトのためにつくられる

建築のあり方は建築家の哲学とも深くかかわるものです。本書では、まずは「建築はヒトのためにつくられる」と考えることとします。

建築の設計は、意匠、構造、設備を総合的にまとめ、そのイメージを立体的に実現することです。そのために、絵柄、図柄で表わすことになります。

しかし、イメージをつくるのはとても難しく、工夫が必要となります。

建築家・菊竹清訓の設計方法論「か・かた・かたち」のアイデアが参考になります。建築は、3次元の立体・空間(タテ・ヨコ・タカサ)です。「か・かた・かたち」の三段論法は、ことば(アイデア)が、2次元的な図面となり、さらに3次元的な建築へと実現するまでのプロセスを図示したものと考えることができます。

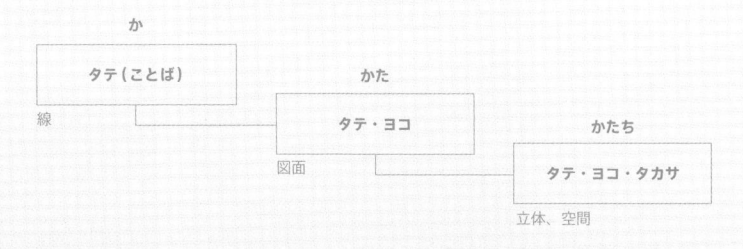

```
        か
   ┌─────────┐
   │ タテ(ことば) │         かた
   └─────────┘    ┌─────────┐
   線        │ タテ・ヨコ │          かたち
                 └─────────┘    ┌──────────┐
                   図面       │ タテ・ヨコ・タカサ │
                                └──────────┘
                                    立体、空間
```

[図4]菊竹清訓の「か・かた・かたち」という考え方は、抽象的なイメージから具体的なイメージをつなぐ

## ❷ | 3つのトレーニング

**日常的なイメージトレーニング**
●常に設計概念やエスキースの方法について考る必要があるが、なかなかそうはいかない。
●日常的な事柄も三段階(ホップ、ステップ、ジャンプ)方式か、四段階(起承転結)方式で進むことが多いので、どの段階のどんなことなのかを日常的に見極める訓練(段階的認識力)が必要となる。
●日常生活において、段階的認識力を深めるためには、物事をイメージの世界におきかえるトレーニングが必要である。

**起承転結**
物事の展開や物語の文章などにおける四段構成を表す概念。もともとは4行から成る漢詩の絶句の構成のこと。
起：物語の導入部(始まりは、スピード感が必要)
承：起を受け、「転」へとつなぐ(段階的に進める)
転：物語の核となる部分(見通しを付ける)
結：オチの部分で、物語を締めくくる(最終的な形を決める段階)

ボリューム模型

模型

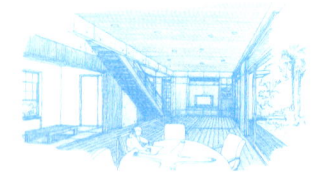

インテリアパース

[図1]立体のイメージ

### 積み木のトレーニング

建築は3次元(タテ・ヨコ・タカサ)の存在です。それをつかむために、模型やパースなどの立体図を用いて建築化・空間化を検討します。立体のイメージや立体構成を理解するために、積み木によるイメージトレーニングを解説します。

18個のキューブを組み合わせれば、いろいろなかたちが出来上がります。

4つのブロックに分ける、2段に重ねる、L字形に、中庭風に、あるいはジグザク形など、組合せ方によっていろいろなかたちとなります。どれが美しいか、自分の好みはどのかたちか、比べることも大切です。比較することで、イメージがふくらむからです。

このように、エスキースは、キューブを用いた積み木をやるような発想が大切となります。

❶2段に重ねる 　　　　　　　　　❷4つのブロックに

❸2段に重ねる 　　　　　　　　　❹L字形に

❺中庭風に. 　　　　　　　　　　❻ジグザグ形に

[図2]積み木

**アイソメトリック パース**
(Isometric Perspective)
等角投影図法：120°の投影図法

**アクソノメトリック パース**
(Axonometric Perspective)
軸測投影図法：90°の投影図法

スケッチ調のアクソメパースが描けると、エスキース力のレベルアップにつながる。短時間で、アクソメ パースを描けるトレーニングを紹介する。
1. 平面図を斜めに置いて、下敷きとする。
2. トレーシングペーパーを重ねる。
3. 角度定規（勾配定規）を平面図に合わせて、高さ寸法をプロットする。
4. 斜めの線と垂直線を結ぶ。垂直に高さ寸法をプロットする。
5 建物周辺を描く。

[図3] 積み木とパズル

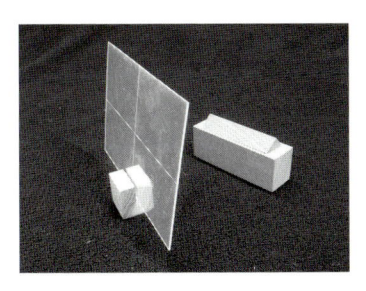

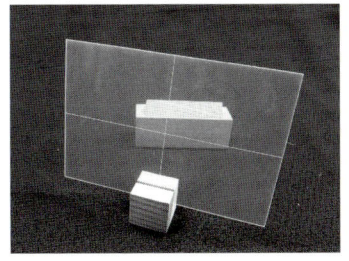

[図4] プラスチック板を用いた視覚的なトレーニング

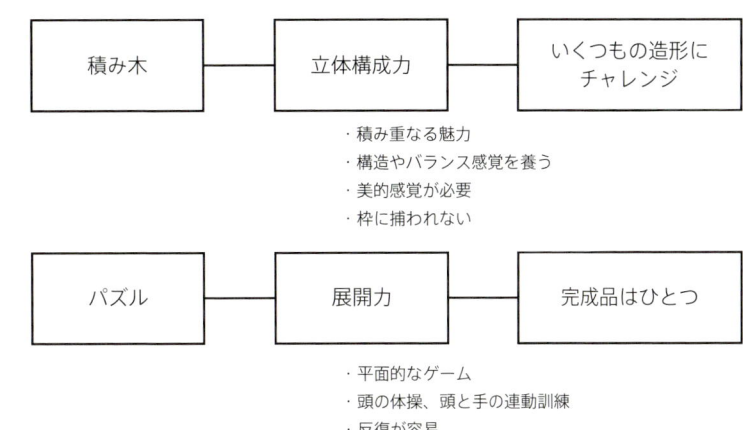

## 視覚的なトレーニング

エスキースによって設計の考え方を、絵柄や図柄として用紙にプロットする作業では、ものの形や機能を画面に描き込む能力が必要となります。

ここでは、透明プラスチック板を活用し、画面に写し込むトレーニングを紹介します。

十字の線の入った透明プラスチック板を用意し、それを通して立体を見ると、画面上の立体の位置関係がよくわかります。画面の中心を決めて、立体の形を描き写すこともトレーニングとして最適です。

トレーニングを重ねると、透明プラスチック板がなくても、画面に描き写す作業が出来るようになります。立体認識力とは 視覚認識力であり、認識した形をイメージして描くことが可能になるのです。

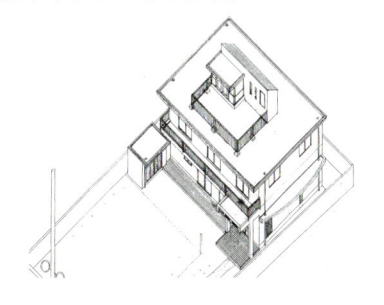

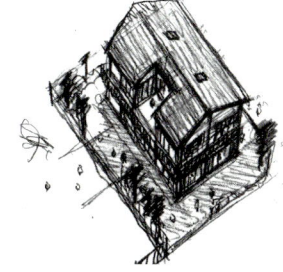

## アクソメパースのトレーニング

以前は、アイソメパースがよく用いられていましたが、最近は、アクソメパースが用いられることが多くなっています。アクソメ パースのトレーニングによって、フリーハンドでスケッチ調のアクソメパースが描けるようになります。

[図5] アクソメパースのトレーニング

| 普段からの
トレーニング | # 町のスケッチをやってみよう |

**見えるものを描く、見えないものを描く**

スケッチブックと水彩絵の具セットを常に持ち歩き、町のスケッチをやってみよう。見たものをスケッチブックに写していく作業は、頭と手の連動作用の訓練となります。見えるものを描くことは、立体認識力を高めます。そのことで、視覚認識力を高め、認識した形をイメージして描くことが可能になるのです。こうした普段のトレーニングを積み重ねることによって、見えないものも描くことができるようなります。

町のスケッチは、柔軟なエスキース力の原点、パワーアップにつながり、立体や空間をイメージする力を身に付けるためには有効なトレーニングとなります。

### ポイント　見えないものを描くために

①頭の中に記憶ノートをつくる
②記憶ノートは視覚優先なので、三次元空間の認識となる
③だんだんとノートの頁が増える（イメージ力）
④頭の中のイメージを、画面に映し出すトレーニングとなる
⑤だんだんと、見えないものも描けるようになる

# I-2　ゾーニングの方法（エスキースの第1段階）

## ❶｜ゾーニングとは

●ゾーニングの名詞がゾーンである。
ゾーン（Zone）：地帯・区域・地域の意味。

●ゾーンに似ている言葉に、エリアやグループがある。
エリア（Area）：区分された地域。
グループ（Group）：相互関係に規則性と持続性がある集団。

●ゾーニング（Zoning）：建築計画や都市計画において、類似した空間や区画をまとめて計画していく方法。

●ゾーニングに似ている言葉に、グルーピングやブロックプランがある。
グルーピング（Grouping）：似ているものをまとめる。
ブロックプラン（Block plan）：配置計画等を表す。

### 大きな区分け作業

建築の設計において、最初に大きな区分け作業が行なわれますが、その作業がゾーニングです。具体的には、建築空間を機能、用途、法的規制などをもとにいくつかの部分に分ける作業のことです。

ゾーニングすることによって、漠然とした無機質なものが有機的になり、構成するものの意味を知ることができます。ただし、全体を、たとえばA、B、Cにゾーニング（区分け）するためには、A、B、Cのゾーンの性質（機能）を決めなければ区分けできません。さらに、AとBの関係、BとCの関係、AとCの関係も明確にすることも必要となります。

ゾーニングは、全体の中の序列（重要度）を付けることでもあり、なおかつ、それぞれのゾーンの性質や性格を認識する作業でもあります。

設計製図試験で行うゾーニングとは、敷地に対して外構（アプローチ、駐車場、駐輪場）と建物配置、居室（居間、個室、水まわり）の配置などの作業が中心となります。これを本書では、エスキースの第1段階としています。

### ゾーニングのテクニック

木造は、たし算とひき算。小さな柱をたくさん建てて、柱と柱を梁でつないで、壁面をつくり、平面形を構成します。

RC造は、かけ算とわり算。5～10m間隔に柱を建てて、柱と梁が主要構造となり、いくつかのスパンで全体を構成するか、全体をわり算してスパンを決めます。

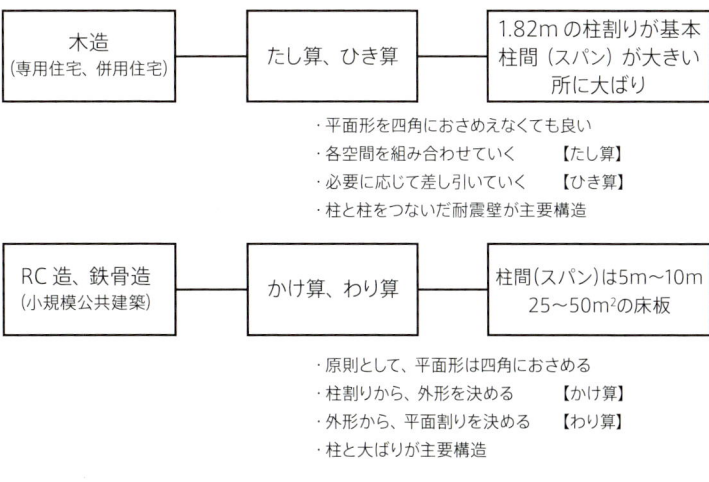

| 木造<br>(専用住宅、併用住宅) | たし算、ひき算 | 1.82mの柱割りが基本<br>柱間（スパン）が大きい<br>所に大ばり |
|---|---|---|

・平面形を四角におさえなくても良い
・各空間を組み合わせていく　【たし算】
・必要に応じて差し引いていく　【ひき算】
・柱と柱をつないだ耐震壁が主要構造

| RC造、鉄骨造<br>(小規模公共建築) | かけ算、わり算 | 柱間（スパン）は5m～10m<br>25～50m²の床板 |
|---|---|---|

・原則として、平面形は四角におさめる
・柱割りから、外形を決める　【かけ算】
・外形から、平面割を決める　【わり算】
・柱と大ばりが主要構造

[図1] ゾーニングのテクニック

## ゾーニングのトレーニング

18個のキューブ(立方体)を並べて、ゾーニングのトレーニングを行います。

まず、キューブ間のあきを取り縦に3個、横に6個並べてみます。つぎに6つのブロックに分けます。それをキューブ間のあきをつめて固め、さらに、5つのブロックにまとめてみます。

キューブの1辺を2.73mと考えると、1個が7.45m²で、18個で134m²(40.5坪)の平屋の住宅のようにも見えます。キューブの並べ替え作業が、ゾーニングのイメージトレーニングにつながります。

❶ 18個のキューブ 　　❷ 並べる

❸ つなげる 　　❹ 分ける

❺ 固める 　　❻ まとめる

[図1] 積み木

## ❷ 住宅の機能を図にする

**環境をデザイン、生活をデザインする**
●周辺の地域を意識して環境をデザインするつもりで、ゾーニングに取り組む。
●自分が使用者の立場になって、使いやすい、住みやすい建築を設計する意識で生活をデザインする。
●ゾーニングの略図においても、道路から玄関、廊下、各室をゾーニング図の中を歩いてみたり、動いてみて、ゾーニングの長所と短所を把握する必要がある。

| | |
|---|---|
| A. 個人の生活空間 | 夫婦寝室、子供室、老人室、書斎など |
| B. 共同的生活空間 | 居間、食事室、応接室など |
| C. 家事空間 | 台所、家事室、洗濯室など |
| D. 衛生空間 | 便所、浴室、洗面、脱衣、洗濯室など |
| E. 出入り空間 | 玄関、勝手口 |
| F. 動線空間 | 廊下、階段 |
| G. 収納空間 | クローゼット、納戸、倉庫、物入など |

住宅系の機能図

### 機能で切り分けた空間

ゾーニングするためには、各ゾーンの性質を理解する必要があります。そのためには、目的ごとにゾーン(空間)を切り分けた機能図をもとに整理することが有効となります。

[図1]に示したのは、専用住宅の機能図です。夫婦寝室、子供室などの「A.個人の生活空間」、居間、食事室などの「B.共同的生活空間」、台所などの「C.家事空間」、便所・浴室などの「D.衛生空間」、玄関・階段などの「E.出入り空間」を、「F.動線空間」を介してつないだものです。住戸内の諸室をゾーニングする際の目安となるものです。

この機能図の上を北、下を南とすると、出入り空間、衛生空間や家事空間(水まわり)は北に、居室系は南の配置となり、製図試験における配置の基本となります。

### 併用住宅の機能図

[図2]が店舗・事務所などを併用した住宅の機能図となります。[図1]と異なるのは、出入り空間が2つあり、店舗・事務所などが住宅の動線部分とつながっているところです。

### 設計課題の傾向

過去に出題された設計課題は、おおよそ「イ:専用住宅」「ロ:併用住宅」「ハ:小規模公共建築」の3つに分類することができます。木造系では、イとロが大半を占め、非木造(RC)系ではハが大半を占めます。解答用紙はA2判(594×841mm)であり、自ずと敷地は200〜350m²(20×21m以下の範囲)、延べ面積は150〜300m²、規模としては2階建てが主でまれに3階建てとなります。

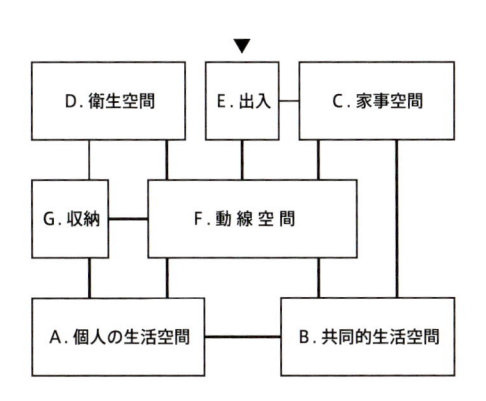

[図1] 専用住宅の機能図.

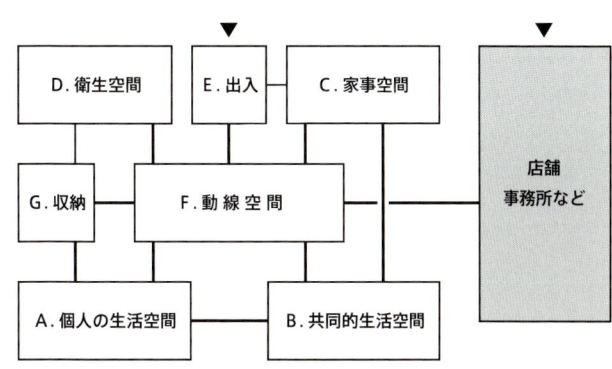

[図2] 併用住宅の機能図

**廊下と階段**
廊下：中廊下の平面形が基本
階段：階段のゾーニングは、1、2階のプランを決める重要な要素

| | イ．専用住宅 | ロ．併用住宅 | ハ．小規模公共建築 |
|---|---|---|---|
| a. 用途 | 1. 中規模専用住宅<br>2. 老人同居住宅<br>3. 二世帯住宅<br>4. 趣味室付き住宅<br>5. 屋内駐車場付き住宅 | 1. 店舗併用住宅<br>2. 事務所併用住宅<br>3. 診療所併用住宅 | 1. 地域図書館<br>2. コミュニティ施設<br>3. 児童施設<br>4. 保育園等 |
| b. 用地地域 | 1. 住居地域<br>2. （近隣商業地域） | 1. 住居地域<br>2. 近隣商業地域 | 1. 住居地域<br>2. 近隣商業地域 |
| c. 隣地 | 1. 公園（遊歩道）<br>2. 地域施設 | 1. 公園（遊歩道）<br>2. 地域施設<br>3. 商店街 | 1. 公園（遊歩道）<br>2. 地域施設<br>3. 商店街 |
| d. 構造 | 1. 木造<br>2. （RC造）<br>3. （鉄骨造） | 1. 木造<br>2. RC造<br>3. 鉄骨造 | 1. （木造）<br>2. RC造<br>3. 鉄骨造 |
| e. 機能 | 住宅の居住性 | 住宅部分とその他部分 | 公共性と地域性 |
| f. 出入口 | 1～2 | 2～3 | 2～3 |

[図3]設計課題の傾向

## 二世帯住宅の機能区分とゾーニング

二世帯住宅とは、親子孫の三世代にわたる二世帯の家族が世帯を別にして住む住宅をいいます。これには、兄弟などの二世帯の家族が共用部分を持ち、一体的に住む住宅も含まれます。

前頁で紹介した住宅の機能についての表のA～Gで分類すると、[図4]のようになります。B～Fの空間を共用、半共用、別々（独立）の違いで、二世帯住宅のゾーニングはさまざまに変わってくることがわかります。

[図5]二世帯住宅の過去問の分類

| | 平成20年度 | 平成17年度 | 平成12年度 |
|---|---|---|---|
| A | 別々 | 別々 | 別々 |
| B | 共用 | 共用 | 共用 |
| C | 共用 | 共用 | 共用 |
| D | 別々 | 半共用 | 半共用 |
| E | 共用 | 共用 | 共用 |
| F | 共用 | 共用 | 共用 |
| G | 別々 | 別々 | 別々 |

D（衛生空間）を除き、求められる室の使用条件は同じ。平成20年度では、浴室は別々であったが、平成17、12年とも浴室は共用とされた。

| | | | | |
|---|---|---|---|---|
| A. 個人の生活空間 | 夫婦寝室、子供室、老人室、書斎など | | | ●別々 |
| B. 共同的生活空間 | 居間、食事室、応接室など | ○共用 | ○半共用 | ○別々 |
| C. 家事空間 | 台所、家事室、洗濯室など | ○共用 | | ○別々 |
| D. 衛生空間 | 便所、浴室、洗面、脱衣、洗濯室など | ○共用 | ○半共用 | ○別々 |
| E. 出入り空間 | 玄関、勝手口 | ○共用 | | ○別々 |
| F. 動線空間 | 廊下、階段 | ○共用 | ○半共用 | ○別々 |
| G. 収納空間 | クローゼット、納戸、倉庫、物入など | | | ●別々 |

※すべてが別々の場合は、共同住宅または長屋、テラスハウスとなる。
[図4]二世帯住宅

## ❸ 平面形状と分割、延べ面積の関係

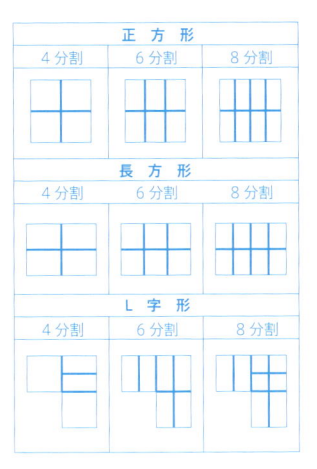

**［図1］平面の形状と分割**

| 正方形 | | |
|---|---|---|
| 4分割 | 6分割 | 8分割 |

| 長方形 | | |
|---|---|---|
| 4分割 | 6分割 | 8分割 |

| L字形 | | |
|---|---|---|
| 4分割 | 6分割 | 8分割 |

**正方形平面**
- ○ 正方形平面は、美しさがある
- △ 平面計画は、分割がやや難しい

**長方形平面**
- ○ 長方形平面は、分割しやすい
- ○ 長短辺があり、構造計画しやすい

**L字形平面**
- ○ 特長が出しやすい
- △ 分割も動線の処理も難しい

### ベースは長方形平面

正方形、長方形、L字形それぞれの平面の形状によって、空間の分割方法や動線部分のつくり方に差が生じます。特に、L字形の平面は、コーナーの動線部分の処理が難しい。

正方形平面、長方形平面、L字形平面を比較してみると、長方形平面は、分割する場合の自由度が高く、敷地に対しての納まり具合も良い。長方形平面をベースにすると、ゾーニングもプランニングもまとめやすくなります。

### 延べ面積から考える

延べ面積から設計案を考えることは、全体の大きさなどを早く知るためのテクニックとして、有効な方法です。全体の大きさが予想できると、ゾーニングが進めやすくなります。

2階建てを想定して考えると、検討の手順は以下のようになります。

イ．2階建ての場合は、延べ面積を2で割って、まず総2階を想定します。

ロ．その面積を建築面積として、タテヨコの寸法を決めて、敷地に当てはめてみます。

ハ．2階の面積が少ないと予想される場合は、1階と2階の面積差が、平屋部分と吹抜け部分の面積となります。このことは、延べ面積を調整する有効な方法となります。

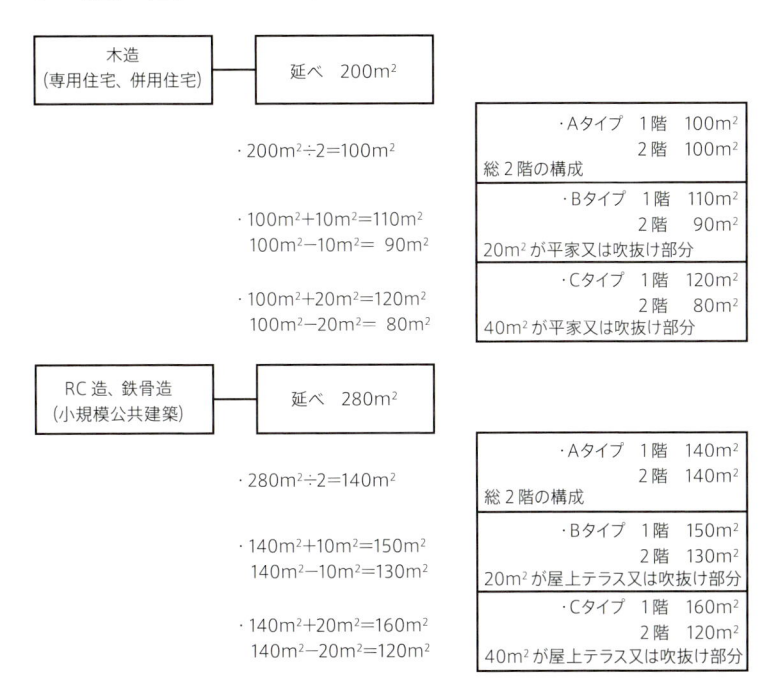

```
木造
(専用住宅、併用住宅)  →  延べ 200m²

・200m²÷2=100m²                    ・Aタイプ  1階 100m²
                                            2階 100m²
                                   総2階の構成
・100m²+10m²=110m²                 ・Bタイプ  1階 110m²
 100m²-10m²= 90m²                           2階  90m²
                                   20m²が平家又は吹抜け部分
・100m²+20m²=120m²                 ・Cタイプ  1階 120m²
 100m²-20m²= 80m²                           2階  80m²
                                   40m²が平家又は吹抜け部分

RC造、鉄骨造
(小規模公共建築)  →  延べ 280m²

・280m²÷2=140m²                    ・Aタイプ  1階 140m²
                                            2階 140m²
                                   総2階の構成
・140m²+10m²=150m²                 ・Bタイプ  1階 150m²
 140m²-10m²=130m²                           2階 130m²
                                   20m²が屋上テラス又は吹抜け部分
・140m²+20m²=160m²                 ・Cタイプ  1階 160m²
 140m²-20m²=120m²                           2階 120m²
                                   40m²が屋上テラス又は吹抜け部分
```

普通には1階のボリュームから始めるが、2階から始める方法もある。

**［図2］延べ面積から考える**

## ❹ 敷地の中の建築エリアを決める

**建築物の落ち着き**
● 北側の道路：独立性の高い南の庭
● 東側、西側の道路：道路側と奥側の2つのゾーンができる
● 南側の道路：出入りスペースと南の庭が活性化する
※一般的には、南側の道路の計画は難しいとされているが、南側の外部スペースの機能がはっきりしているので、ゾーニングのまとめやすさもある。

### 外部条件で配置を決める

設計課題で与えられた外部スペースの条件をもとに、建築物を計画するエリアが決めることができます。

図は、約330m$^2$（18.2×18.2m）の敷地のスタディ。南側の庭、周辺エリア、駐車スペースを確保すると、残りの建築エリアは約180m$^2$となります（約55%）。

①南側の庭は、おおむね3m以上確保します。それは、建物高さの半分くらいとなります（日照等の関係）。
②建物の周辺の空地は、おおむね1.8mを確保します（計画上、0.9mの場合もある）。
③道路の位置による建築エリアの面積には、大きな差がありません。
④約180m$^2$の建築エリアは、専用住宅、併用住宅、小規模公共建築物で延べ面積が150〜300m$^2$の建築計画をするのに充分な広さです。

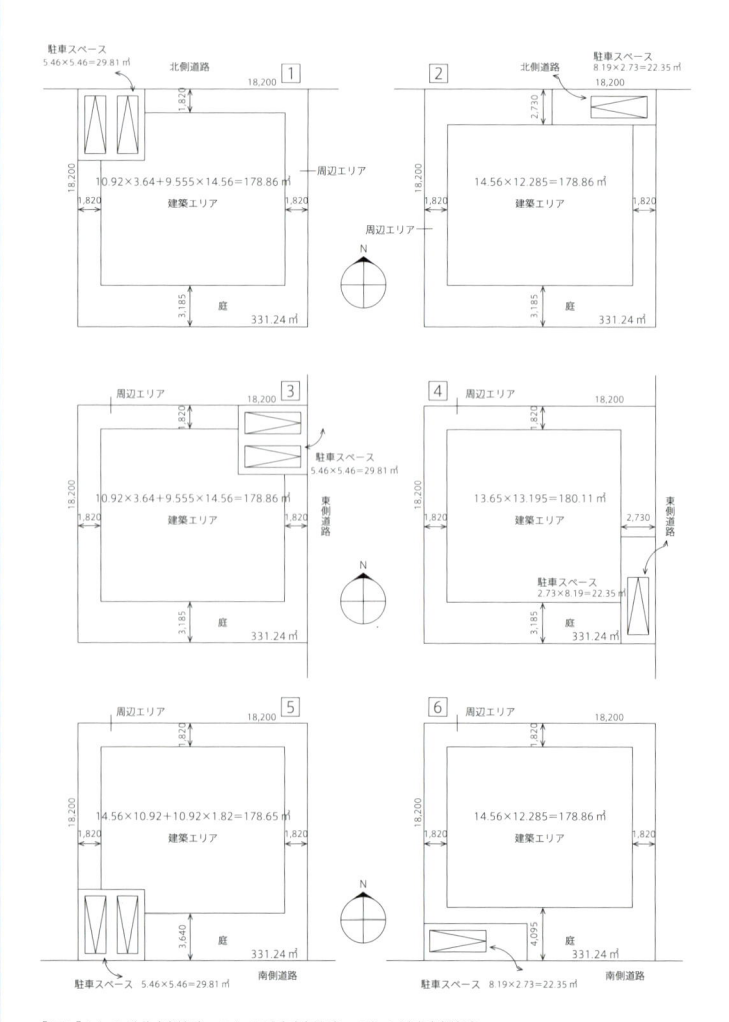

[図1] 1と2が北側道路。3と4が東側道路。5と6が南側道路

# ❺ ゾーニングのテーマとキーポイントの見つけ方

## 手がかりをどのように見つけるか

設計課題の条件から、テーマとキーポイントを見つけます。

設計の主要なテーマが早く見つかる場合と、ゾーニング作業をやっている間で、設計の主要なテーマをつくり出していく方法があります。実際の問題を見てみましょう。平成13年度の「英会話教室併用住宅(木造2階建)」では、南北に建築不可の2箇所が設定されました[図2]。出題者が建物を配置する場所を誘導しているもので、その指示に忠実に従えばゾーニングは容易となります。平成18年度の「地域に開かれた絵本作家の記念館(RC造2階建)」では、北で公園に隣接する配置が与えられました[図3]。これは出題者が、公園側からのものを含め2つのアプローチを求めるものでした。

設計条件の頭書きの読み込むことがとくに必要な例として、平成20年度の「高齢者の集う趣味(絵手紙)室のある二世帯住宅(木造2階建)」があります。

趣味室にかかわる設計条件が細かく書かれ、床高等についても規定されました。祖母室、趣味室、屋外テラスの配置、そして玄関との段差350mm、屋外テラスとの段差500mmの解消をもとめるもので、出題者が難易度をかなり上げたものとなっています。最初に出題者の意図を読み誤らないことがなによりも重要です。

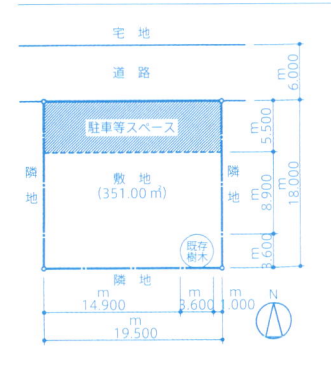

[図2]平成13年度

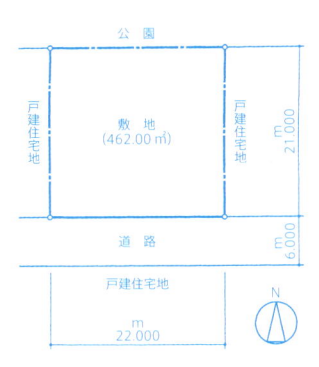

[図3]平成18年度

**「高齢者の集う趣味(絵手紙)室のある二世帯住宅(木造2階建)」**

絵手紙を趣味とする祖母が同じ趣味の近隣の高齢者(車いす使用者も含む。)を招いて集うことができる趣味室のある、二世帯住宅(玄関・居間・食事室・台所等は共用とする。)を計画する。

計画に当たっては、次の①〜⑥に特に留意する。

①外部からの車いす使用者の利用については、趣味室及び来客用便所のみとする。祖母については、外出時には玄関ホールに置かれている車いすを利用するが、屋内においては、手摺や杖を利用して一人で移動が可能であり、車いすは使用しない。

②床高等については、下表のとおりとする。(省略)

③趣味室部分と住宅部分とは出入口を明確に分離するとともに、趣味室に隣接する屋外テラスを設け、車いす使用者が支障なく直接行き来できるようにする。

④道路から建築物へのアプローチは、屋外テラス及び玄関ポーチへの屋外スロープを計画し、車イス使用者使いやすい配置・動線・形状・大きさとする。

⑤祖母室は趣味室に隣接し、直接行き来できるようにする。

⑥建築物の耐震性を確保する。

| 設計課題 | テーマ | キーポイント |
| --- | --- | --- |
| ①敷地条件を読む | 道路条件によってテーマが変わる<br>外部環境をデザインする | 道路の方角をチェックする<br>隣地に特殊な条件があるか? |
| ②設計条件の頭書きを読み込む<br>留意事項に注意 | 課題の大きなテーマを見つける<br>重要事項に印しを付ける | 練習課題との差を探す<br>条件のプラスアルファーを探す |
| ③延べ面積から | 中間値を目安とする<br>おおよそ上階の面積が小さい | 上限、下限を覚えておく<br>上下階の面積差を考える |
| ④家族構成等 | 設計条件との関係あり<br>特殊な条件に注意する | 練習課題との差を探す<br>室数との関係を知る |
| ⑤要求室 | 設置階等の勘違いに注意<br>特記事項に注意 | 練習課題との差に注意<br>特殊条件は、図面に反映 |
| ⑥外部スペース | 出入口と外部スペースとの関係<br>駐車スペースの配置に注意 | 外部の動きやすさが重要<br>駐車スペースは向きと寸法が重要 |
| ⑦各室面積の概要 | 概略の広さを早目に理解する<br>広さは主要室を優先する | 広さチェック方式のトレーニングが重要<br>広さの表示(以上、約)に注意 |

[図1]ゾーニングを進めるためのキーポイント

# ❻ ゾーニング条件を読む（木造・住宅系）

**敷地と道路条件**

敷地と道路条件を考えると、図のような8通りとなる。マスは9通りとなるが、真ん中の敷地は接道条件を欠くために当然、建築不可能となる。
角地は、2つの道路と接道するわけだが、その場合には、道路幅員とアプローチの主従関係を決めて、2つの動線を考えることになる。
1つの道路と接道する場合には東西南北の4つの場合が考えられます。よく、「北入り」「南入り」などと表現される。北と南、東と西はそれぞれの配置を反転した関係となっている。

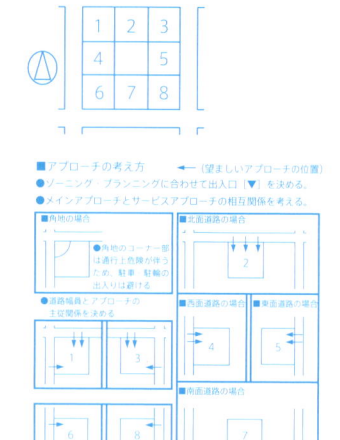

## 設計課題を読む順序

設計課題を早く理解するためには読む順序を考えましょう。

**❶敷地図**

接道条件と敷地のタテヨコ寸法を確認します。

**❷設計条件**

設計課題の中味が書かれているので、主要な部分をチェックします。この課題では、自転車が夫婦の共通の趣味で、その室が1階にあり、外部の作業スペースに面していると書かれています。これが、ゾーニングをするうえで重要な要素となります。

**❸延べ面積**

要求面積の中間値を畳数に変換しておきます。その中間値が210m$^2$であれば、約127畳となります（210÷3.3×2）。

**❹家族構成**

夫婦と子供2人とあるので、寝室、子供室の個室の合計は3室。納戸があるので注意が必要です。高齢者が居れば、当然、バリアフリー対策が求められ、段差、廊下幅、水まわりの配慮が必要となります。

**❺要求室**

これをすべて図面化します。

**❻外部スペース**

アプローチと駐車スペースなどが書かれています。ゾーニングを行うにあたり、外部スペースからはじめることが多く、その場合の重要な情報となります。

**❼面積概要**

これを畳数に変換しておきます。図に畳数への置き換え方法を示す。玄関の面積は指定されていませんが4畳(2坪)とします。趣味室は26m$^2$とあり16畳とします。以下、同様に変換すると、その合計数は87畳となります。

## 主従空間を分ける

設計課題からゾーニング条件を読み取ってみよう。要求室の主従空間を分けると、課題条件を早く理解することができます。主要室(21頁の機能分類に従うと、AとB)は、原則として、南向きとします。

**主空間と従空間**

主空間(Master Space)：要求室の内の主要室
従空間(Servant Space)：主空間を支えるサーバントスペース（サポートする空間）

## 設計課題を読む順序 ❶→❷→❸→❹→❺→❻→❼

### 設計課題「趣味（自転車）室のある専用住宅」（木造2階建）

#### 1．設計条件

環境豊かな住宅地に建つ趣味（自転車）室のある専用住宅を計画する。

計画に当たっては、次の①〜④に特に留意する。
① 夫婦の趣味が自転車で、修理等を行う趣味（自転車）室を1階に計画する。
② 趣味（自転車）室は、外部の作業スペースに面する計画とする。 ❷
③ 1階の居間・食事室と和室は、一体的な使用が可能な計画とする。 ❷
④ 建築物の耐震性を確保する。

(1) 敷地
ア．形状、道路との関係、方位等は、下図のとおりである。
イ．第一種住居地域内にあり、防火・準防火地域の指定はない。
ウ．建ぺい率の限度は60％、容積率の限度は200％である。
エ．地形は平たんで、道路及び隣地との高低差はなく、地盤は良好である。
オ．電気、都市ガス、上水道及び公共下水道は完備している。

(2) 構造及び階数
木造2階建とする。

(3) 延べ面積 ❸　　200　　215㎡（124J）
必ず「200㎡以上、230㎡以下」とする。　　〜
（ピロティ、玄関ポーチ、屋外テラス、屋外駐車スペース、駐輪スペース等は床面積に算入しない）　　230

(4) 家族構成
夫婦（40歳代）、子供2人（男子中学生、男子小学生） ❹

(5) 要求室
下表のすべての室は、必ず指定された設置階に計画する。 ❺　　❼

**主空間**

| 設置階 | 室名 | | 特記事項 | |
|---|---|---|---|---|
| 1階 | 玄関 | E | ア．下足入れを設ける。<br>イ．趣味（自転車）室に通じる出入口を設ける。 | 4J |
| | 趣味（自転車）室 | A | ア．26㎡以上とし、外部からの出入口を設ける。<br>イ．展示壁長さ3m以上を設ける。<br>ウ．流し台1,200mm×600mmを設ける。<br>エ．用具棚1800mm×300mmを設ける。<br>オ．作業机1800mm×900mmを設ける。 | 16J |
| | 居間・食事室 | B | ア．洋室26㎡以上とする。<br>イ．和室と一体的に使用する。 | 16J |
| | 台所 | C | ア．6㎡以上とし、勝手口を設ける。 | 4J |
| | 和室 | B | ア．和室10畳以上とする。<br>イ．押入を設ける。<br>ウ．将来は、夫婦寝室に転用する可能性がある。 | 10J<br>2J |
| | 浴室 | D | ア．3㎡以上とする。 | 2J |
| | 洗面・脱衣・洗濯室 | D | ア．3㎡以上とする。 | 2J |
| | 便所 | D | ア．3㎡以上とする。 | 2J |
| 2階 | 夫婦寝室 | A | ア．洋室16㎡以上とする。<br>イ．ウォークインクロゼットを設ける。 | 10J<br>4J |
| | 子供室（2室） | A | ア．洋室13㎡以上とする。<br>イ．収納を設ける。 | 8J<br>1J |
| | 納戸 | G | ア．6㎡以上とする。 | 4J |
| | 便所 | D | ア．3㎡以上とする。 | 2J |

※その他必要と思われるもの。　　　　　　　　　　　　　　　　　　87J

(6) 外部スペース　　**従空間** ❻
ア．屋外作業スペース
趣味（自転車）室に面して、20㎡以上の屋外作業スペースを設ける。
イ．物干しスペース
6㎡以上の屋外物干しスペースを設ける。
ウ．駐車等スペース
小型乗用車（5人乗り）1台分の屋外駐車スペース及び4台分の屋外駐輪スペースを設ける。

$$\frac{87}{129} = 67.4\%$$

#### 2．要求図書

a．下表により、答案用紙の定められた枠内に記入する。ただし、寸法線は、枠外にはみだして記入してもよい。
b．図面は黒鉛筆仕上げとする（定規を用いなくてもよい）。
c．記入寸法の単位は、mmとする。なお、答案用紙の1目盛は、4.55mm（矩計図にあっては、10mm）である。
d．シックハウス対策のための機械換気設備等は、記入しなくてよいものとする。

| 要求図書<br>（　）内は縮尺 | 特記事項 |
|---|---|
| (1) 1階平面図兼配置図<br>(1/100) | ア．敷地境界線と建築物との距離、建築物の主要な寸法を記入する。<br>イ．1階平面図兼配置図には、塀、植栽、駐車スペース、駐輪スペース等を記入する。<br>ウ．室名を記入する。<br>エ．住宅部分には、台所設備機器（流し台、調理台、ガス台、冷蔵庫等）、浴槽、洗面器、便器、洗濯機を記入する。<br>オ．趣味（自転車）室には、流し台、展示壁、用具棚、作業机を記入する。<br>カ．「通し柱」を○印で囲み、「耐力壁」に△印を付ける。<br>（注）「耐力壁」とは、筋かい等を設けた構造上有効な壁をいう。<br>キ．2階平面図には、1階の屋根伏図（平屋部分がある場合）も記入する。<br>ク．矩計図の切断位置を記入する。 |
| (2) 2階平面図<br>(1/100) | |
| (3) 2階床伏図兼1階小屋伏図<br>(1/100) | ア．主要部材（通し柱、1階及び2階の管柱、胴差、2階床梁、桁、小屋梁、火打梁、棟木、母屋、小屋束）については、凡例の表示記号にしたがって記入し、断面寸法（小屋束を除く）を凡例欄に記入する。ただし、主要部材のうち、平角材又は丸太材としたものについては、その断面寸法を図面上に記入する。なお、根太又は丸太材としたものについては、その断面寸法を図面上に記入する。<br>イ．その他必要に応じて用いた表示記号は、凡例欄に明記する。<br>ウ．建築物の主要な寸法を記入する。 |
| (4) 立面図<br>(1/100) | ・南側立面図とする。 |
| (5) 矩計図<br>(1/20) | ア．切断位置は、1階・2階それぞれの開口部を含む部分とする。<br>イ．作図の範囲は、柱心から1,000mm以上とする。<br>ウ．矩計図として支障のない程度であれば、水平方向や垂直方向の作図上の省略は、行ってよいものとする。<br>エ．主要部の寸法等（床高、天井高、階高、軒高、軒の出、ひさしの出、開口部の内法、屋根の勾配）を記入する。<br>オ．主要部材（基礎、土台、大引、1階根太、胴差、2階根太、2階床梁、桁、小屋梁、母屋、垂木）の名称・断面寸法を記入する。<br>カ．床下換気口（又はこれに代わるもの）の位置・名称を記入する。<br>キ．アンカーボルト、羽子板ボルト等の名称・寸法を記入する。<br>ク．屋根（小屋裏が外気に通じている場合は、屋根の直下の天井）、外壁、1階床、その他必要と思われる部分の断熱・防湿措置を記入する。<br>ケ．各及び内外の主要な部位（屋根、外壁、床、内壁、天井）の仕上材料名を記入する。 |
| (6) 面積表 | ア．建築面積、床面積及び延べ面積を、答案用紙の面積表に記入する。<br>イ．建築面積及び床面積については、計算式も示す。<br>ウ．数値は、小数点以下第2位までとし、第3位以下は切り捨てる。 |

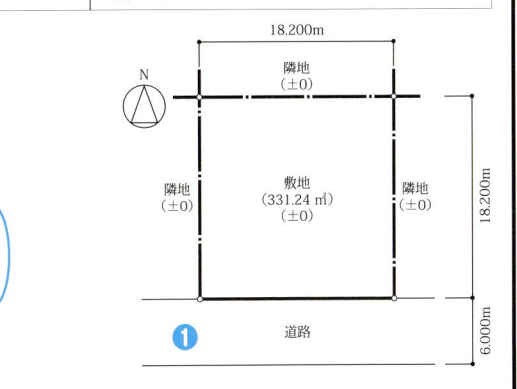

```
        18.200m
    ┌─────────┐
    │  隣地    │
    │ （±0）  │
N   ├─────────┤
    │          │
隣地│  敷地    │ 隣地   18.200m
(±0)│(331.24㎡)│(±0)
    │  (±0)   │
    │          │
    └─────────┘
         道路            6.000m
    ❶
```

**2階床伏図兼1階小屋床伏図の凡例**

| 凡例 | | 通し柱 | 1階の管柱 | 2階の管柱 | 1階と2階が重なる管柱 | 胴差・2階床梁・桁・小屋梁 |
|---|---|---|---|---|---|---|
| | 表示記号 | □ | × | × | ⊠ | 正角材　平角材　丸太材 |
| | 断面寸法の記入欄(mm) | | | | | 図中に記入　図中に記入 |

| 凡例 | | 火打梁 | 棟木・小屋束 | 母屋・小屋束 |
|---|---|---|---|---|
| | 表示記号 | ---- | 小屋束● | 小屋束● |
| | 断面寸法の記入欄(mm) | | 棟木 | 母屋（軒桁） |

# ❼ ゾーニングの始め方（木造・住宅系）

**基本は、外部のゾーニングから始める**

駐車場・駐輪場、アプローチなどの外部スペースから始めるのが基本ですが、トレーニングを重ねると、1階や2階のゾーニングから始めることもできます。場合によっては、2階のゾーニングから始めると早くまとまる場合もあります。

3つの方法を試してみて、自分の方法を見つけましょう。

（A）外部のゾーニングから
a. 住宅のアプローチ　　　（AP）
b. 趣味（自転車）室の出入口（E2）
c. 屋外作業スペース　　　（OW）
d. 駐車スペース　　　　　（PA）
e. 庭　　　　　　　　　　（GA）
※外部のゾーニングの見通しを立てたら、1階のゾーニングに続ける。

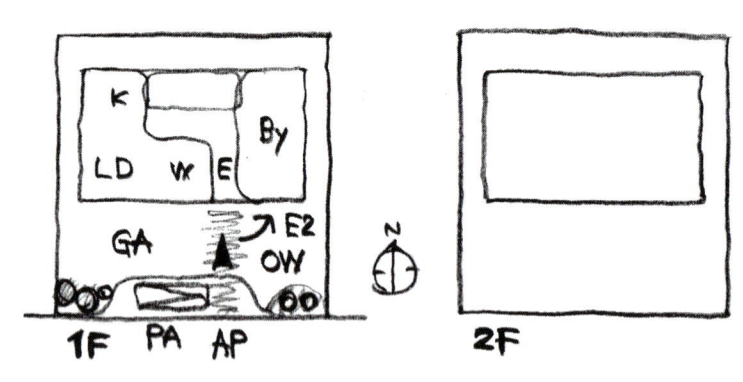

（A）外部のゾーニングから

（B）1階のゾーニングから
a. 全体の大枠
b. 住宅部分のレイアウト
c. 趣味（自転車）室のレイアウト
d. 1階の主要室のレイアウト
e. 階段と廊下の位置
※1階のゾーニングの見通しを立てたら、2階のゾーニングに続ける。

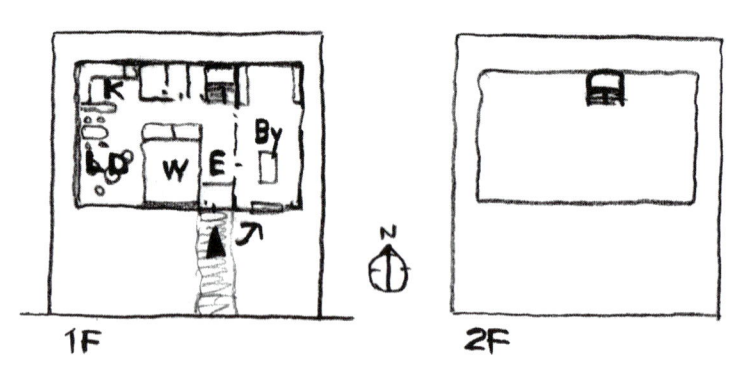

（B）1階のゾーニングから

（C）2階のゾーニングから
a. 全体の大枠
b. 2階部分のレイアウト
c. 2階の主要室のレイアウト
d. 階段と廊下の位置
e. 下屋部分
※2階のゾーニングの見通しを立てたら、1階のゾーニングに続ける。

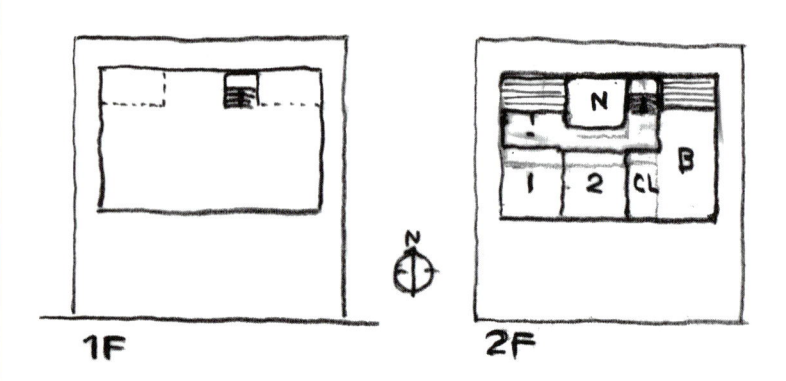

（C）2階のゾーニングから

# ❽ 設計課題のゾーニング（木造・住宅系）

**4つの特徴**
趣味(自転車)室の配置の違いで4つのパターンをつくった。これらをもとに検討して、プランニング作業に入る（35頁参照）。

**A案**
| 1. 配置 | ○ |
| --- | --- |
| 2. アプローチ | ○ |
| 3. 趣味室 | ○ |
| 4. 主要室 | ○ |
| 5. バランス | ○ |
| 総合点 | 5 |

**B案**
| 1. 配置 | ○ |
| --- | --- |
| 2. アプローチ | ○ |
| 3. 趣味室 | ○ |
| 4. 主要室 | △ |
| 5. バランス | ○ |
| 総合点 | 4 |

**C案**
| 1. 配置 | ○ |
| --- | --- |
| 2. アプローチ | ○ |
| 3. 趣味室 | ○ |
| 4. 主要室 | ○ |
| 5. バランス | ○ |
| 総合点 | 5 |

**D案**
| 1. 配置 | ○ |
| --- | --- |
| 2. アプローチ | ○ |
| 3. 趣味室 | ○ |
| 4. 主要室 | △ |
| 5. バランス | △ |
| 総合点 | 3 |

## 設計課題の解答は1つではない

1階と2階のゾーニングを同時に行う。短時間でゾーニングを2つつくって比較すると長短がわかり、設計の密度が上がります。
参考に、A～Dの4つの案を作成し、○、△表示と総合点を示します。

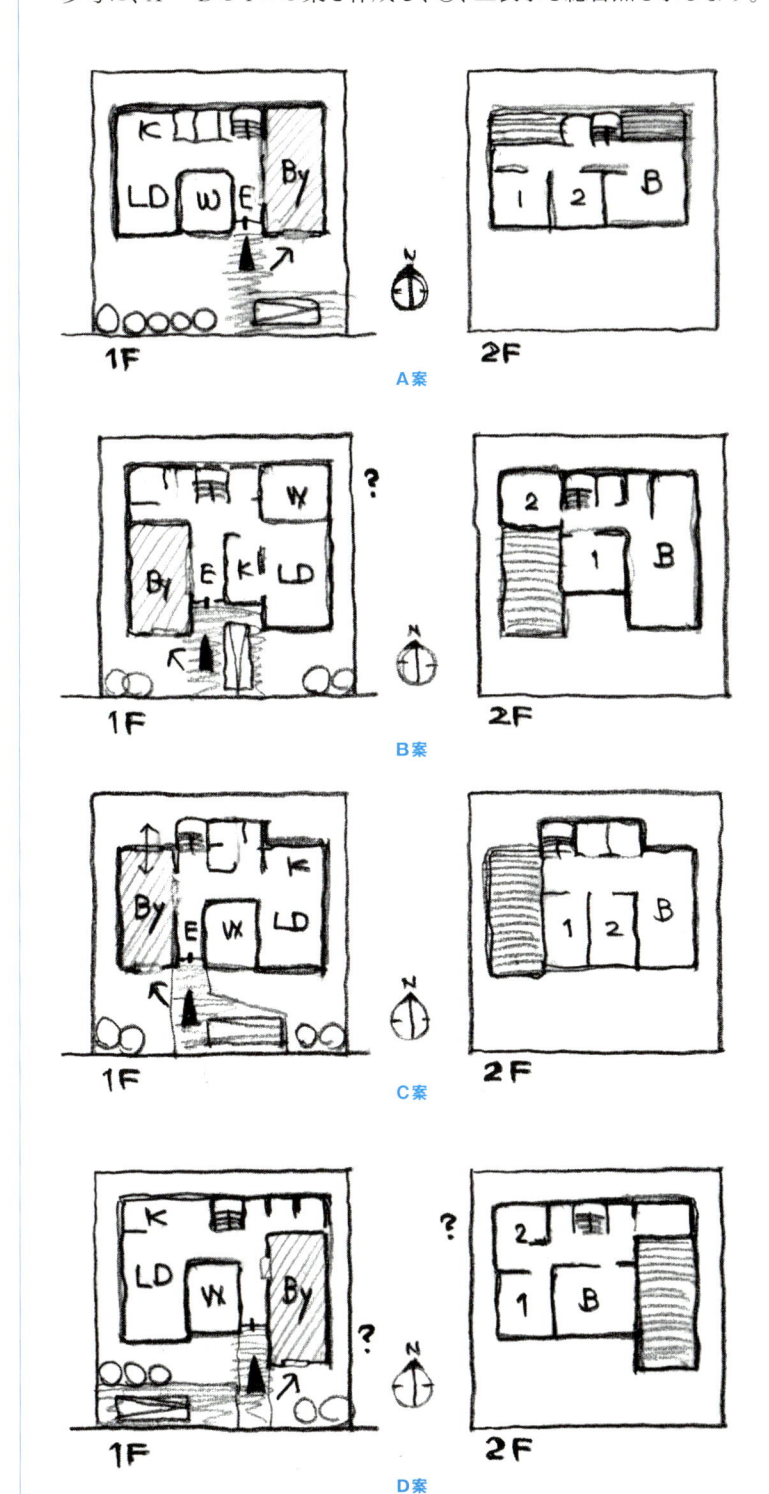

# ❾ ゾーニング条件を読む（RC造・小規模公共建築系）

**吹抜けの考え方**
設計上、吹抜けを設けることは空間に変化をつける有効な手法である。
設計製図試験では、吹抜けを設けることで延べ面積を調整することがコツのひとつ。
本問では天井高5m以上の吹抜けを求めているが、延べ面積の目安を求める際には、吹抜け部分を2倍にして計算する。

## 設計課題を読む順序

木造のときと同様の順序で、問題文を読み込みます。

**❶敷地図**

道路の方向、敷地の広さを確認。北側道路で、東側の公園に接しています。敷地の広さは約400m²。

**❷設計条件**

重要な設計条件の確認。多目的スペースの利用計画、喫茶室については要チェック。

**❸延べ面積**

中間値を記入。277.5m²となります。

**❹人員等**

特殊な条件、室数。

**❺要求室**

主空間と主要な特記事項。多目的スペースが吹抜けになっていることに注意します。

**❻階段、EVなど**

概略寸法を記入。

**❼外部スペース**

アプローチと駐車スペース等。バリアフリー対応を含む2台の駐車場、5台の駐輪場、公園との連絡通路がエスキースの手がかりとなります。

**❽各室の面積概要**

概略の面積を記入。主空間と従空間の延べ面積の目安は200m²。

## 主空間と従空間

RC造の小規模公共建築系では、要求室の内の階段、EV等など（従空間）を各諸室（主空間）よりも重視します。
従空間の寸法と柱間（スパン）の関係が重要となります。32頁では屋外施設等の検討からゾーニングを試みます。

## 設計課題を読む順序 ❶→❷→❸→❹→❺→❻→❼

### 設計課題「多目的スペースのあるコミュニティ施設」[鉄筋コンクリート造（ラーメン構造）2階建]

### 1. 設計条件 ❷

ある中核都市の住宅地において、公園に隣接する敷地に、地域住民が利用する多目的スペースのあるコミュニティ施設を計画する。
計画に当たっては、次の①〜④に特に留意すること。
　①多目的スペースは集会、サークル活動に利用する他に、講演会やミニコンサート等にも利用できる計画とする。
　②喫茶室は、地域の憩いの場として、有効に機能するように計画する。
　③東側の公園への連絡通路を設ける。
　④高齢者、身体障害者等に配慮した計画とする。

(1) 敷地
　ア．形状、道路との関係、方位等は下図のとおりである。
　イ．第一種住居地域内にあり、防火・準防火地域の指定はない。
　ウ．建ぺい率の限度は60%、容積率の限度は200%である。
　エ．地形は平たんで、道路及び隣地との高低差はなく、地盤は良好である。
　オ．電気、都市ガス、上水道及び公共下水道は完備している。

(2) 構造及び規模
　鉄筋コンクリート造（ラーメン構造）2階建 ❸　　260 〜 277.5㎡

(3) 延べ面積　　　　　　　　　　　　　　　　　　295
　必ず「260㎡以上、295㎡以下」とする。
　（ピロティ、玄関ポーチ、屋外テラス、屋外駐車スペース、駐輪スペース等は床面積に算入しない。）

(4) 職員構成 ❹
　管理責任者1名
　コミュニティ施設の運営は、地域ボランティアグループが協力し、運営に当たる。（特にボランティア室等を設ける必要はない。）

(5) 要求室 ❺　　　　　　　　　　　　　　　　　❽
　下表のすべての室は、必ず指定された設置階に計画する。

**主空間**

| 設置階 | 室名 | 特記事項 | |
|---|---|---|---|
| 1階 | 玄関 | ア．履物は履き替えないこととする。<br>イ．玄関付近に掲示板（長さ4.0m以上）を設ける。 | 10㎡ |
| | 事務室 | ア．5㎡以上とし、受付カウンターを設ける。<br>イ．玄関に面して受付カウンターを設ける。 | 5㎡ |
| | 多目的スペース | ア．建物の1階と2階部分を吹抜けたスペースとし、天井高さは、5.0m以上とする。<br>イ．講演会やミニコンサート等利用する場合に、客席数が40席程度確保できるスペースとする。<br>ウ．収納スペースを隣接して設ける。<br>エ．低いステージと収納スペースを設ける。 | 40<br>5<br>10 55㎡ |
| | 喫茶室 | ア．東側の公園への連絡通路に面して設ける。<br>イ．4人掛けのテーブルを4組（合計16席）を設ける。 | 16㎡ |
| | キッチン | ア．喫茶室に隣接し、5㎡以上とする。<br>イ．レンジ、流し台、冷蔵庫を設ける。 | 5㎡ |
| | 便所 | ・男女別に設ける。　　　　3×2 | 6㎡ |
| | 車椅子使用者用便所 | ア．1室設ける。<br>イ．広さは、心々2,000mm×2,000mm以上とする。 | 4㎡ |
| | 防災倉庫 | ・5㎡以上とし、外部からの搬出入口を設ける。 | 5㎡ |
| 2階 | 集会室(1)<br>集会室(2) | ア．25㎡以上とし、外部バルコニーを設ける。<br>イ．15㎡以上とし、外部バルコニーを設ける。 | 25㎡<br>15㎡ |
| | 児童図書コーナー | ・適宜 | 5㎡ |
| | 倉庫 | ・3㎡以上とする。 | 3㎡ |
| | 便所 | ・男女別に設ける。　　　　3×2 | 6㎡ |

**従空間**

(6) 階段、エレベーター及びスロープ ❻　　3×5×2　30㎡
　ア．建築物に、2以上の階段を設ける必要はない。
　イ．建築物内に、必ずエレベーター1台を設ける。　　4×2　8㎡
　・エレベーターシャフトは、心々2,000mm×2,000mm以上とする。　198㎡（約200㎡）
　・駆動装置は、エレベーターシャフト内に納まるものとし、機械室を設けなくてよい。
　ウ．建築物内又は敷地内の通路の計画において高低差が生じる場合は、必要に応じてスロープ（勾配は建築物内1/12以下、敷地内1/15以下）とする。
　　　　　　　　　　　　　　　　　　　　　　　　　　　　$\frac{200}{277}$ = 72.2%

(7) 外部スペース
　ア．駐車等スペース ❼
　バリアフリー駐車スペース（3.0m×6.0m）と小型乗用車（5人乗り）1台分の屋外駐車スペース及び5台以上の屋外駐輪スペースを設ける。
　イ．公園への連絡通路
　東側の公園への連絡通路を設ける。

### 2. 要求図書

a. 下表により、答案用紙の定められた枠内に記入する。ただし、寸法線は、枠外にはみだして記入してもよい。
b. 図面は黒鉛筆仕上げとする（定規を用いなくてもよい）。
c. 記入寸法の単位は、mmとする。なお、答案用紙の1目盛りは、5mmである。

| 要求図書<br>（　）内は縮尺 | 特　記　事　項 |
|---|---|
| (1) 1階平面図兼配置図<br>(1/100) | ア．敷地境界線と建築物との距離、建築物の主要な寸法を記入する。<br>イ．1階平面図兼配置図に、塀、植栽、駐車スペース、駐輪スペース、東側の公園との連絡通路、防災倉庫の搬出入口を記入する。<br>ウ．室名を記入する。<br>エ．要求室に次のものを記入する。<br>・多目的スペースに客席数と天井高さ<br>・喫茶室に、テーブル、椅子<br>・玄関付近に、掲示板 |
| (2) 2階平面図<br>(1/100) | ・事務室に、受付カウンター、机、椅子<br>・便所及び車椅子使用者用便所に、洋風便器、洗面器<br>オ．2階平面図に、1階の屋根伏図（平屋部分がある場合）も記入する。<br>カ．断面図の切断位置を記入する。 |
| (3) 立面図<br>(1/100) | ・南側立面図とする。 |
| (4) 断面図<br>(1/100) | ア．切断位置は、1階・2階それぞれの開口部を含む部分とする。<br>イ．建築物の外形、床面及び天井面の形状がわかる程度のものとし、構造部材（はり、スラブ、地中ばり等）を記入する。<br>ウ．建築物の最高の高さ、階高、天井高、1階床高、開口部の内法寸法及び主要な室名を記入する。 |
| (5) 面積表 | ア．建築面積、床面積及び延べ面積を、答案用紙の面積表に記入する。<br>イ．建築面積及び床面積については、計算式も記入する。<br>ウ．数値は、小数点以下第2位までとし、第3位以下は切り捨てる。 |
| (6) 計画の要点等 | ア．1階の多目的スペースと喫茶室を計画するに当たって工夫した点等を具体的に記述する。<br>イ．200字以内で記述する。 |
| (7) 仕上表 | ア．外部の主要な部位（屋根、外壁）の仕上げ材料名及び下地材料名を記入する。<br>イ．内部（多目的スペース）の主要な部位（床、内壁、天井）の仕上げ材料名及び下地材料名を記入する。 |
| (8) 主要構造部材表 | ・主要な柱、大ばり、外壁、2階床スラブの断面寸法又は厚さ寸法を記入する。 |

```
        22.000m
   ┌──────────┐
   │   道路    │ 6.000m
   ├──────────┤
隣地│   敷地    │公園
(±0)│ (396.00㎡)│(±0) 18.000m
   │   (±0)    │
   ├──────────┤
   │   隣地    │
   │   (±0)    │
   └──────────┘
```

N ❶

# ❿ ゾーニングの始め方（RC造・小規模公共建築系）

**段階的なゾーニング方法**

前頁の設計課題の設計条件を見直しながら3段階に分けてゾーニングを行います。

各段階ごとに、設計条件等を見直して進めることが重要です。ステップ1で概略のレイアウト、ステップ2で1階と2階の概要、ステップ3で全体構成を考えます。各段階ごとのゾーニング図を消さないで、残して進めるのがコツ。元にもどって、考え直すことができます。

●ステップ1　屋外施設等の検討
a. 道路の条件
b. 方位と隣地の確認
c. 主要な設計条件

・駐車スペース
奥行きは2.5m。ヨコは7m程度（縦列駐車）
・バリアフリー駐車スペース
3.5m×6.0m程度

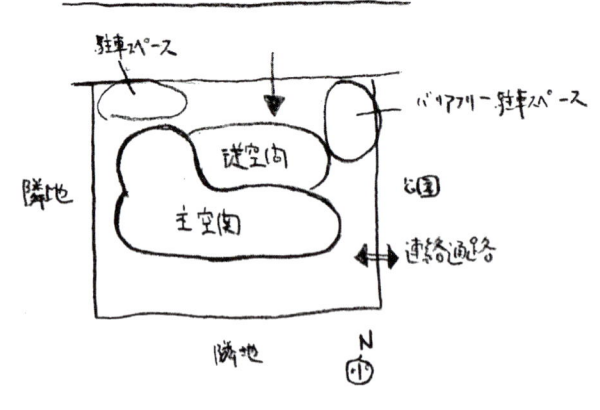

ステップ1

●ステップ2　要求室の検討・ゾーニング
a. 大枠の設定
b. 外部スペース
c. 1階と2階の概要
建築面積170m²の総2階として敷地にプロットする。次頁も参照。
(280＋60)÷2＝170m²

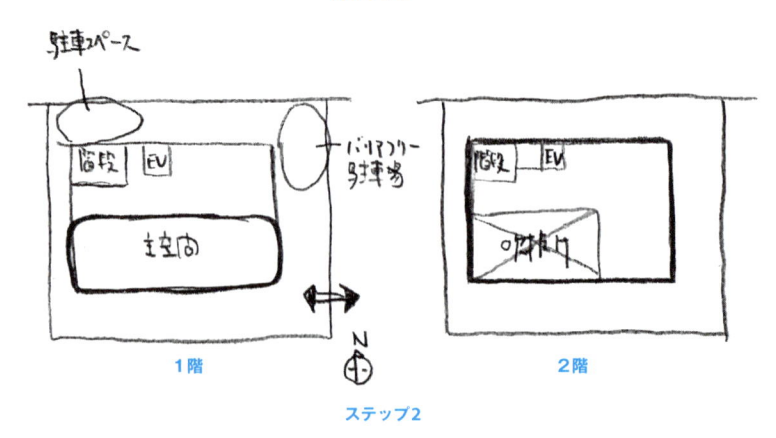

1階　　2階

ステップ2

●ステップ3　配置の確定
a. アプローチと外部スペース
b. 1階と2階のバランス
c. 配置の確定

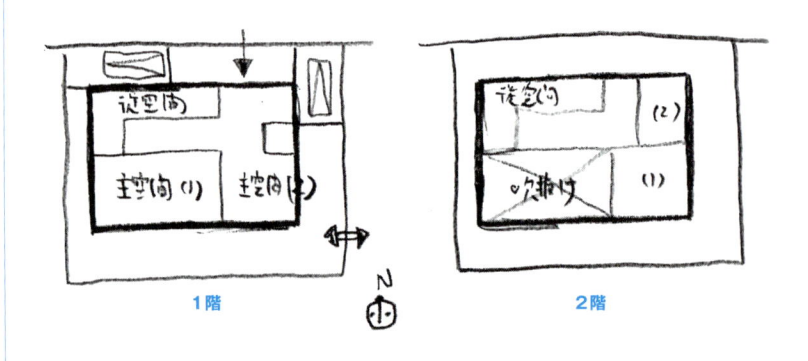

1階　　2階

ステップ3

# ⓫ 設計課題のゾーニング（RC造・小規模公共建築系）

## 設計課題のゾーニング

設計課題の用紙を見て、自分なりの設計条件メモをつくり、ゾーニングに活かします。今まで自分が練習してきた課題との差を、設計条件メモとしてまとめることが重要です。

延べ面積から、1階と2階のタテヨコ寸法を想定します。
1階と2階のゾーニング作業を同時に行うことがポイント。

**設計条件メモ**
要求室、外部施設等の面積の目安を書き出しておく。

**延べ面積から**
多目的スペースの面積を60m²とし、延べ面積に換算されない吹抜け部分も同じ60m²とする。これを要求された延べ面積の中間値約280m²に加え、2で割った170m²が建築面積の目安。

**大きさの見当**
タテヨコが10m×17m、または11m×16mの2つを想定する。

**柱間（スパン）の予測**
4〜10（4.5〜9）mの間で考える。南北方向は2スパン、東西方向2〜3スパン。一般に、東西方向は3スパンで考えたほうがプランニングはやりやすい（「I-3 ⑦RC造のプランニング例」で、3つの案を紹介している）。

**ゾーニング図**
アプローチ図
階段、EV
WC

[設計条件]

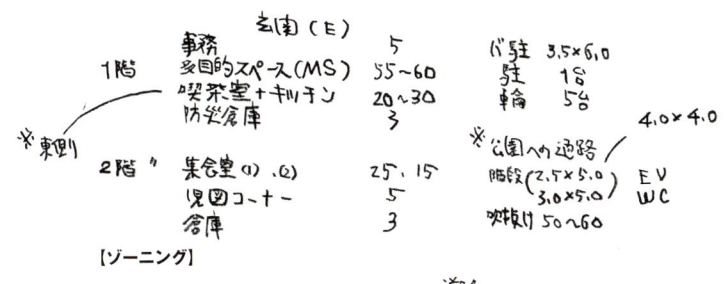

[ゾーニング]

メモからゾーニングへ

# I-3　プランニングの方法（エスキースの第2段階）

## ❶ プランニングとは

**ゾーニングからプランニングへ**

ゾーニングをまとめてから、エスキースの第2段階であるプランニングへ進みます。

プランニングとは、ゾーニング図をもとに、具体的な平面図、断面図、立面図を総合的にまとめる作業として、位置づけられます。設計の実務では、基本設計と呼ばれるプロセスです。

積み木で表現すると、ゾーニングは、ブロックAのように、平面的にブロック分けされた姿をしていて、まだ立体や空間表現にはなっていません。一方、プランニングとは、ブロックBの積み木のように、建築模型のような姿で、具体的には、平面図、立面図、断面図で表現されます。

ブロックA

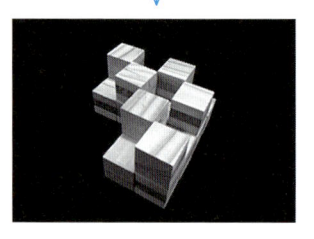

↓

ブロックB

---

### 設計課題「趣味（自転車）室のある専用住宅」（木造2階建）

**1. 設計条件**

環境豊かな住宅地に建つ趣味（自転車）室のある専用住宅を計画する。

計画に当たっては、次の①〜④に特に留意する。
① 夫婦の趣味が自転車で、修理等を行う趣味（自転車）室を1階に計画する。
② 趣味（自転車）室は、外部の作業スペースに面する計画とする。
③ 1階の居間・食事室と和室は、一体的な使用が可能な計画とする。
④ 建築物の耐震性を確保する。

(1) 敷地
ア. 形状、道路との関係、方位等は、下図のとおりである。
イ. 第一種住居地域内にあり、防火・準防火地域の指定はない。
ウ. 建ぺい率の限度は60％、容積率の限度は200％である。
エ. 地形は平たんで、道路及び隣地との高低差はなく、地盤は良好である。
オ. 電気、都市ガス、上水道及び公共下水道は完備している。

(2) 構造及び階数
木造2階建とする。

(3) 延べ面積
必ず「200㎡以上、230㎡以下」とする。
（ピロティ、玄関ポーチ、屋外テラス、屋外駐車スペース、駐輪スペース等は床面積に算入しない）

(4) 家族構成
夫婦（40歳代）、子供2人（男子中学生、男子小学生）

(5) 要求室
下表のすべての室は、必ず指定された設置階に計画する。

(6) 外部スペース
ア. 屋外作業スペース
　趣味（自転車）室に面して、20㎡以上の屋外作業スペースを設ける。
イ. 物干しスペース
　6㎡以上の屋外物干しスペースを設ける。
ウ. 駐車等スペース
　小型乗用車（5人乗り）1台分の屋外駐車スペース及び4台分の屋外駐輪スペースを設ける。

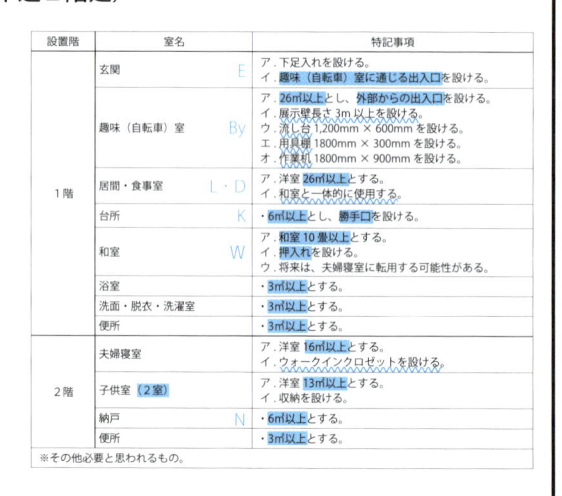

| 設置階 | 室名 | | 特記事項 |
|---|---|---|---|
| 1階 | 玄関 | E | ア. 下足入れを設ける。<br>イ. 趣味（自転車）室に通じる出入口を設ける。 |
| | 趣味（自転車）室 | By | ア. 26㎡以上とし、外部からの出入口を設ける。<br>イ. 展示壁長さ3m以上を設ける。<br>ウ. 流し台 1,200mm×600mmを設ける。<br>エ. 用具棚 1800mm×300mmを設ける。<br>オ. 作業机 1800mm×900mmを設ける。 |
| | 居間・食事室 | L・D | ア. 洋室26㎡以上とする。<br>イ. 和室と一体的に使用する。 |
| | 台所 | K | ・6㎡以上とし、勝手口を設ける。 |
| | 和室 | W | ア. 和室10畳以上とする。<br>イ. 押入を設ける。<br>ウ. 将来は、夫婦寝室に転用する可能性がある。 |
| | 浴室 | | ・3㎡以上とする。 |
| | 洗面・脱衣・洗濯室 | | ・3㎡以上とする。 |
| | 便所 | | |
| 2階 | 夫婦寝室 | | ア. 洋室16㎡以上とする。<br>イ. ウォークインクロゼットを設ける。 |
| | 子供室（2室） | | ア. 洋室13㎡以上とする。<br>イ. 収納を設ける。 |
| | 納戸 | N | ・6㎡以上とする。 |
| | 便所 | | ・3㎡以上とする。 |

※その他必要と思われるもの。

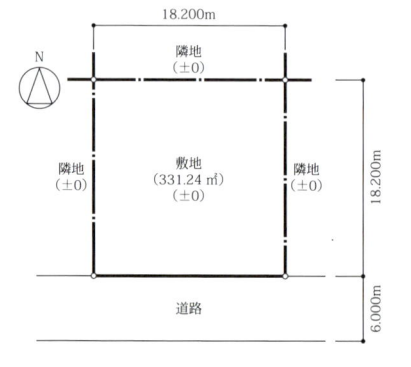

敷地図：18.200m × 18.200m、敷地（331.24㎡）（±0）、南側6.000m道路、隣地（±0）

## 複数のゾーニング案から選択する

ゾーニング案をいくつか作成すると、設計条件が、より明確となり、エスキースのレベルアップにつながります。29頁で紹介した4つのエスキース案を2案（A案とC案）に絞り、その中身を比較してみます。

A案は、第1案としての魅力があります。東側に趣味室を配置。趣味室と和室の並びが△。アプローチがやや狭いので△。建物を南に少し寄せることで難点は改善されます。

第2案であるC案は、総合点が高い。南北に抜けた趣味室の配置。LDのプランがやや△。全体のバランスは良い。LDと趣味室を一体的に使用することで、改善されます。

ここでは、C案を選択し、次のプランニングにつなげます。

**迷った時の選択方法**
「レス イズ モア（Less is More）より少ないことは、より豊かなこと」（ミース・ファンデル・ローエ）
「シンプル イズ ベスト（Simple is Best）迷った時は、単純な方を選択」（アントニン・レーモンド）

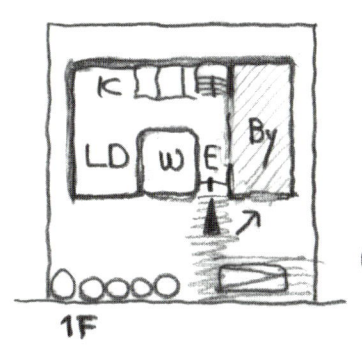

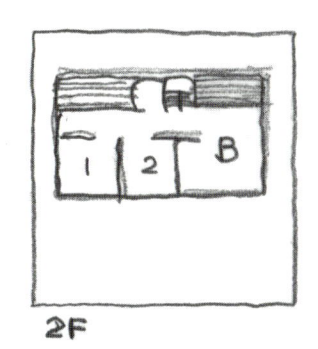

**A案**
1. 配置　　　　　○
2. アプローチ　　○
3. 趣味室　　　　○
4. 主要室　　　　○
5. バランス　　　○
総合点　　　　　5

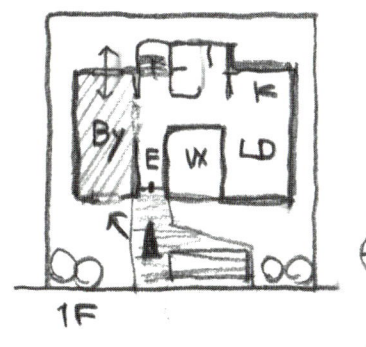

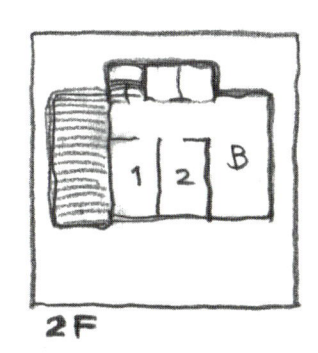

**C案**
1. 配置　　　　　○
2. アプローチ　　○
3. 趣味室　　　　○
4. 主要室　　　　○
5. バランス　　　○
総合点　　　　　5

[図1] 平成23年度演習課題「自転車趣味室付き専用住宅・木造」ゾーニング案の比較

## ❷ プランニングの進め方

**エスキースの道具（筆記用具）**
1.鉛筆
・タッチが出やすく、使いやすい。（鉛筆削りが必要。）
2.芯ホルダー（2mm）
・一般的な筆記用具で、タッチも普通（2BやBの芯を使うと良い）。
3.シャープペンシル（標準は0.5mm）
・タッチがでにくい（エスキース用は0.9mmが良い）。

**エスキースをやる雰囲気とリズムをつかむ**
○いろいろな筆記用具を試してみる。
○フリーハンドで描くトレーニングを多くこなす。
○自分に合う筆記用具を見つける。

### プランニングの流れ

選択したゾーニング図をもとにプランニングを始めます。

1. 外部スペースをチェックします。
2. 平面図は、寸法と面積をチェックしながら進めます。
3. 設計条件の面積と照らし合わせて、修正が必要な部分をマークします。
4. 平面図に、部分的な修正を加えます。
5. 全体のバランスをチェックします。

[注意] 部分的な修正によって、全体に影響が出る場合があるので要注意。

### プランニングのチェックと対処法

プランニングの仕上がり状態をもとに、次にどうするかを早く判断することが必要となります。プランニングの段階で、問題が生じる場合があるので、別なゾーニングも消さずに、残しておくことが得策です。

```
┌─────────────────────┐          ┌─────────────────────┐
│平面図のプランニングに、問題あり│          │平面図のプランニングは、ほぼOK│
└─────────────────────┘          └─────────────────────┘
        ↓           ↓                          │
   ┌─────────┐  ┌─────────┐                    │
   │部分的な別案│  │全体的な別案│                    │
   └─────────┘  └─────────┘                    │
        ↓           ↓                          ↓
   ┌─────────┐  ┌─────────┐          ┌─────────────────┐
   │ゾーニング図に│  │別のゾーニング│          │断面のエスキースに進む│
   │戻り修正する │  │         │          │                 │
   └─────────┘  └─────────┘          └─────────────────┘
```

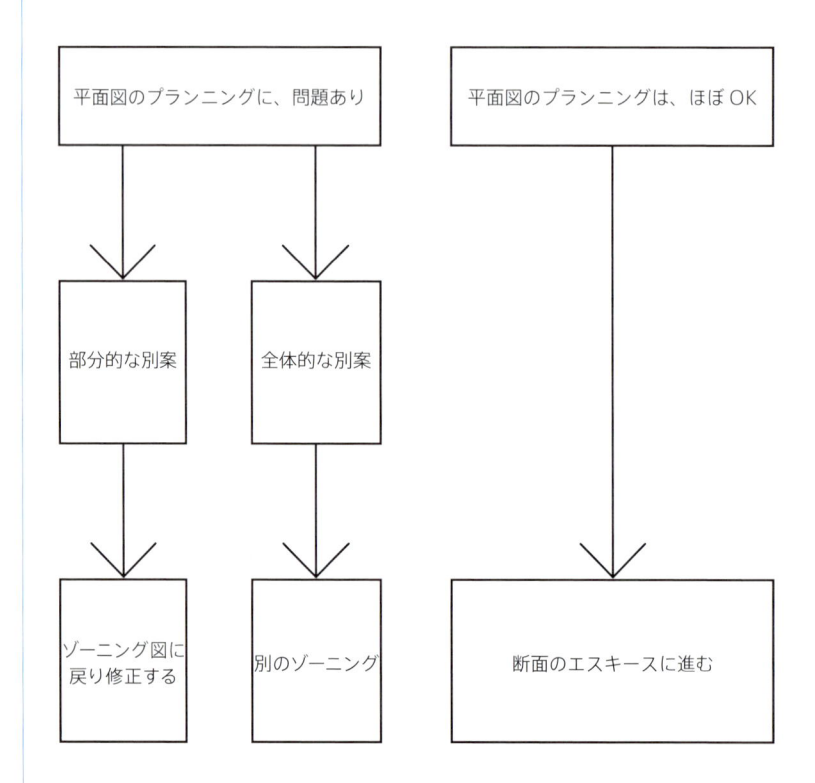

[図1] プランニングのチェックフロー

## 平面図のプランニングスタディ

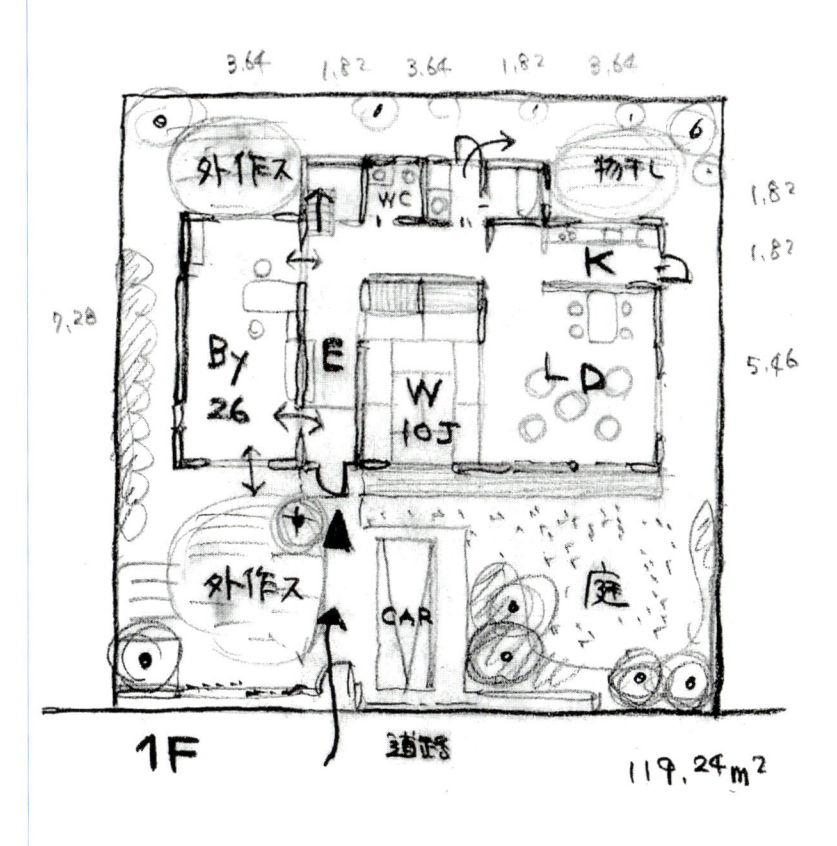

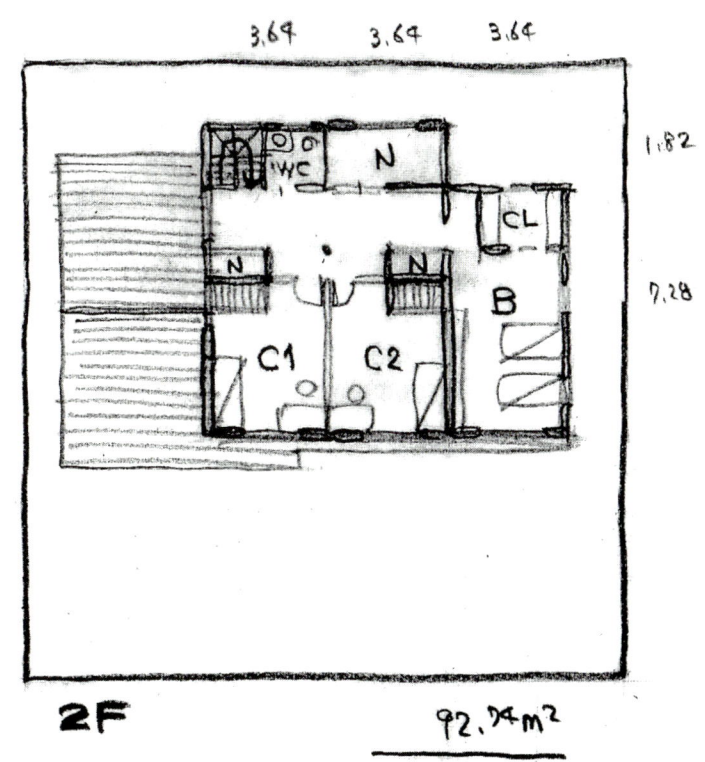

**プランニングのプロセス**

長辺は14.56m、短辺は9.1m。東西のアキの合計は3.64m、南北のアキの合計は9.1m。東西のアキは均等に割り振り、南北のアキは南側に7m程度を割り振る。南側で道路に接続しているため、人と車の動線、庭の配置には配慮が必要。

[図2] プランニングの例

## ❸ | 断面図のスタディ

**木造住宅系の断面計画**
1. 高さ寸法をプロットする。
2. 略断面図を描く。
3. 屋根の形状を描く。
● 立面図、矩計図に反映する。

**RC造・小規模公共建築の断面計画**
1. 高さ寸法をプロットする。
2. 略断面図を描く。
3. 梁寸法を描く。
● 天井の高さをチェックする。
● 木造住宅系の例

### 平面図から断面図へ

断面のエスキースは、設計上の要。それを立面図や矩図に活かすことができます。

また、断面図を描くことで、縦方向のプランニング（諸室のつながり方と高さ）や外部と内部のつながり方、屋根の形状などを検討することができます。

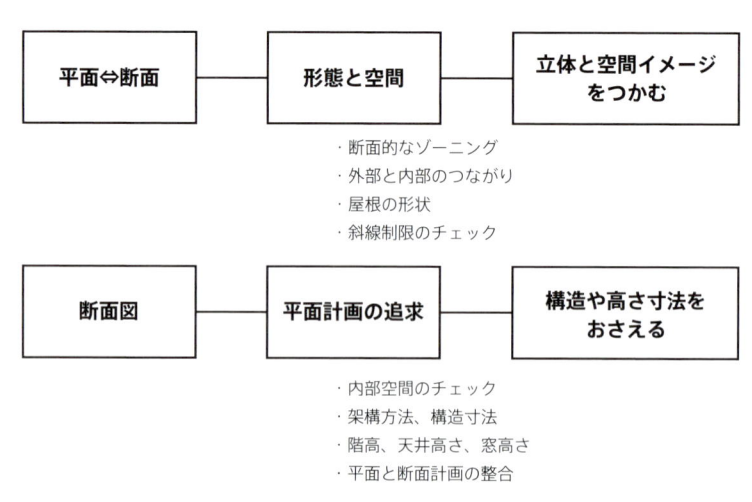

平面⇔断面 → 形態と空間 → 立体と空間イメージをつかむ

・断面的なゾーニング
・外部と内部のつながり
・屋根の形状
・斜線制限のチェック

断面図 → 平面計画の追求 → 構造や高さ寸法をおさえる

・内部空間のチェック
・架構方法、構造寸法
・階高、天井高さ、窓高さ
・平面と断面計画の整合

● 断面のエスキースは、設計上の要となる
● 立面図と矩計図の参考となる

[図1] 断面図のエスキース

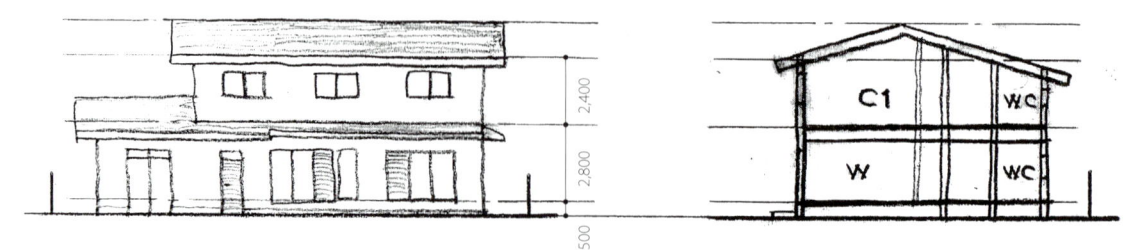

[図2] 立面図、断面図のプランニング例（木造住宅）
　　　37頁のプランニングをもとに描き上げたもの

# ❹ 伏図のスタディ

**伏図、軸組図、部材表**

● 木構造は、伏図、軸組図、部材表によって構成される。

● 伏図は、平面的な構造構成図で、下から基礎伏図、1階床伏図、2階床伏図、小屋伏図の図面。

● 軸組図は、立面断面的な構造構成図で、X方向、Y方向の数面の図面。

● 部材表は、柱、大梁、小梁、根太、筋交い等の部材リスト。

[注意]

● 1階に、2階の柱や壁を受ける柱や壁がない場合は、2階床梁寸法が2〜3割増えるので、注意が必要である。

● 1階と2階の根太方向をそろえることを基本として、2階床梁の方向とサイズを決める。

木造住宅の軸組模型

## 木造の構造計画

木造住宅系の伏図は、まさに木造の構造計画。平面計画を行う段階から、構造計画の要素を盛り込んで考えることが必要です。

バランスの良い柱と壁の配置が木造の構造計画の基本となります。1.82m間隔に木造の柱を配置すると、柱をつなぐ梁の大きさも、柱と同サイズの部材構成となります。1.82mを超える柱間（スパン）の場合、大梁と小梁の配置と寸法を決める必要があります。

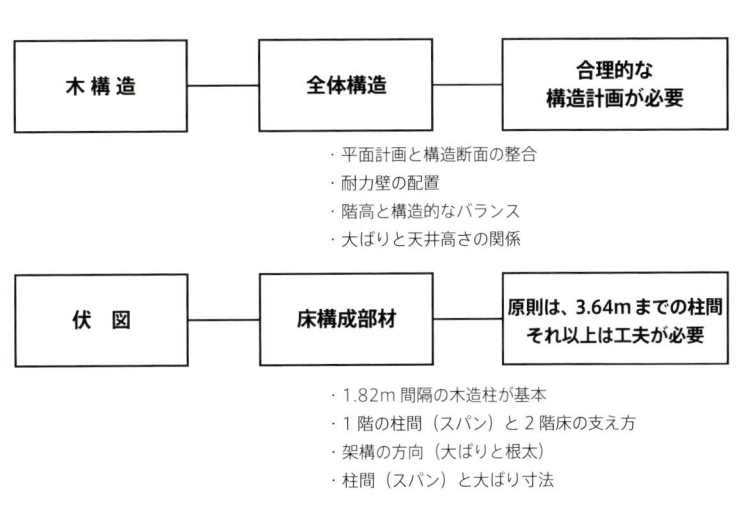

木構造 → 全体構造 → 合理的な構造計画が必要

・平面計画と構造断面の整合
・耐力壁の配置
・階高と構造的なバランス
・大ばりと天井高さの関係

伏図 → 床構成部材 → 原則は、3.64mまでの柱間 それ以上は工夫が必要

・1.82m間隔の木造柱が基本
・1階の柱間（スパン）と2階床の支え方
・架構の方向（大ばりと根太）
・柱間（スパン）と大ばり寸法

伏図は、合理的な構造計画の図面化です。

[図1] 伏図のエスキース

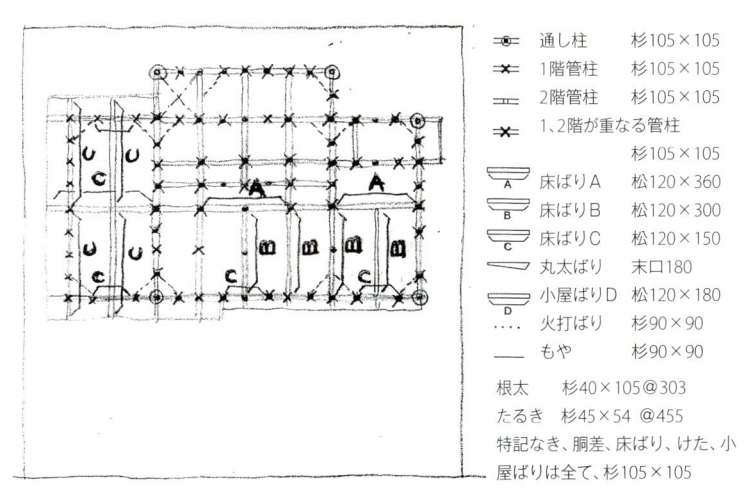

| | | |
|---|---|---|
| ⊕ | 通し柱 | 杉105×105 |
| ✕ | 1階管柱 | 杉105×105 |
| = | 2階管柱 | 杉105×105 |
| ✳ | 1、2階が重なる管柱 | |
| | | 杉105×105 |
| A | 床ばりA | 松120×360 |
| B | 床ばりB | 松120×300 |
| C | 床ばりC | 松120×150 |
| | 丸太ばり | 末口180 |
| D | 小屋ばりD | 松120×180 |
| .... | 火打ばり | 杉90×90 |
| — | もや | 杉90×90 |

根太　杉40×105@303
たるき　杉45×54 @455
特記なき、胴差、床ばり、けた、小屋ばりは全て、杉105×105

[図2] 木造住宅系の伏図の例
　　　37頁のプランニングをもとに描き上げたもの

## ❺ プランニングの中間チェック

### 全体をみわたす

プランニングの全体を見わたすタイミングは、エスキース時間を1時間以内と想定すると、開始40分当たりで行うのが望ましい。設計条件とプランニング図のチェックは、座っている姿勢で行うのではなく、気分転換も兼ねて、立ち上がって行うほうが効果的です。

### 図の中を歩いてみる

使用者の立場で、プランニング図の中を歩いてみると、有効なプランニングチェックとなります。たとえば、玄関から入って、一度LDを通って、2階の寝室に向かってみる。こうすることで、動線のチェックと空間のイメージトレーニングとなります。

### 早合点防止法

どうしても、練習した課題のイメージが残っているので、早合点する場合があります。早合点を防止するためには、練習した課題との違いを考え、落ち着いてチェックします。

### 延べ面積の調整

設計課題は、延べ面積の範囲が決められているので、その範囲内の計画としなければなりません。

●延べ面積がオーバーした場合の対策

1. 全体を90％に縮小する。
2. タテヨコの一辺を縮小する。
3. 要求室の面積をチェックする。
4. 部分的に面積を縮小する。
   　（要求室、廊下等）

●延べ面積が少ない場合の対策

1. 全体を110％に拡大する。
2. タテヨコの一辺を拡大する。
3. 予備室等を追加する。
4. 部分的に面積を増やす。
   　（要求室、廊下等）

### 決断のポイント

エスキースも製図も限られた時間との戦いなので、部分的な未解決事項に強い執着を持つことを捨てて、ある程度の決断力を持って臨む必要があります。進めるか、戻るかの決断を、早目に行なうことがポイントとなります。

---

【早合点】十分に理解しないうちに、わかったと思い込むこと。敷地条件、たとえば道路の方位に間違いはないか。

**洗濯スペースと物干し場**
住宅の設計において、洗濯スペースと物干し場の関係は、重要な要素なのだが、設定や対応が難しいので、設計課題の条件には含まれていない。実際の設計においては、洗濯スペースと物干し場の関係によって、プランニングが変わる。

洗濯スペース
a. 浴室に隣接した洗面脱衣スペースと洗濯スペースを兼用
b. 台所あるいは台所に隣接した家事室に洗濯スペースを設置
c. 独立した洗濯スペースあるいは洗濯乾燥スペースを配置

物干し場
イ. 外部の庭スペースの一角に物干し場を設置
ロ. 2階のバルコニーを物干し場として利用
ハ. 洗濯乾燥機を使用して、外部の物干し場を利用しない

# ❻ 木造・住宅系のプランニング例

同じ設計条件で4つのプランニング例を紹介します。正方形、長方形、L字形の4例。1階と2階の平面図、立面図、断面図、伏図を1枚の用紙にまとめると、全体像がよくわかります。

## 設計課題「住宅地に建つ喫茶店併用住宅」（木造2階建）

### 1. 設計条件

環境豊かな住宅地に建つ喫茶店併用住宅を計画する。
計画に当たっては、次の①、②に特に留意すること。
① 敷地図の通り、既存樹木があり、オープンカフェスペースとして屋外テラスのつながりを考慮する。
② 喫茶店と住宅部分とは、室内で行き来できる動線を確保すること。

(1) 敷地
ア．形状、道路との関係、方位等は下図のとおりである。
イ．第一種住居地域内にあり、防火・準防火地域の指定はない。
ウ．建ぺい率の限度は60%、容積率の限度は200%である。
エ．地形は平たんで、道路及び隣地との高低差はなく、地盤は良好である。
オ．電気、都市ガス、上水道及び公共下水道は完備している。

(2) 構造及び規模
木造2階建とする。

(3) 延べ面積
必ず「180㎡以上、220㎡以下」とする。（ピロティ、玄関ポーチ、屋外テラス、屋外駐車スペース、駐輪スペース等は床面積に算入しない。）

(4) 家族構成
夫婦（40歳代）、子供1人（女子高校生）

(5) 要求室
下表のすべての室は、必ず指定された設置階に計画する。

| | 室 名 | 設置階 | 特記事項 |
|---|---|---|---|
| 喫茶店部分 | 出入口 | 1階 | ・レジを設ける。 |
| | 喫茶室 | 1階 | ア．29㎡以上とする。<br>イ．4人掛けを4組、2人掛け席を2組以上設ける。<br>ウ．カウンター席を6席程度設ける。 |
| | 厨房 | 1階 | ・9㎡以上とする。 |
| | 洗面・便所 | 1階 | ・広さは心々 1,365mm×1,820mm 以上とする。 |
| | 食庫 | 1階 | ・6㎡以上とする。 |
| 住宅部分 | 玄関 | 1階 | |
| | 趣味室 | 1階 | ア．工作室や読書室として多目的に利用する。<br>イ．洋室 13㎡以上とする。 |
| | 洗面・便所 | 1階 | ・広さは心々 1,365mm×1,365mm 以上とする。 |
| | 居間・食事室 | 2階 | ア．洋室 19㎡以上とする。<br>イ．1室にまとめても良い。 |
| | 台所 | 2階 | ・6㎡以上とする。 |
| | 夫婦室 | 2階 | ・洋室 13㎡以上とする。 |
| | クローゼット | 2階 | ・夫婦室に隣接し、4㎡以上とする。 |
| | 子供室（2室） | 2階 | ・洋室 9㎡以上とする。 |
| | 納戸 | 2階 | ・3㎡以上とする。 |
| | 浴室 | 2階 | ・3㎡以上とする。 |
| | 洗面・脱衣・洗濯室 | 2階 | ・3㎡以上とする。 |
| | 便所 | 2階 | |

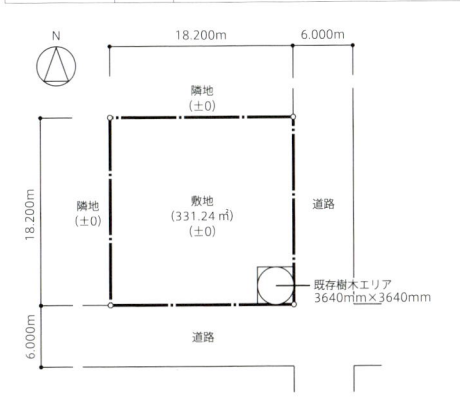

(6) 外部スペース
ア．屋外テラス
既存樹木に面して、30㎡以上の喫茶店用オープンカフェスペースを設ける。
イ．駐車等スペース
喫茶店用として、小型乗用車（5人乗り）1台分の屋外駐車スペース及び 5台分の屋外駐輪スペースを設ける。
住宅用として、小型乗用車（5人乗り）1台分の屋外駐車スペース及び 3台分の屋外駐輪スペースを設ける。

### 2. 要求図書

a．下表により、答案用紙の定められた枠内に記入する。ただし、寸法線は、枠外にはみだして記入してもよい。
b．図面は黒鉛筆仕上げとする（定規を用いなくてもよい）。
c．記入寸法の単位は、mmとする。なお、答案用紙の1目盛りは、4.55mm（矩計図にあっては10mm）である。

| 要求図書<br>（ ）内は縮尺 | 特 記 事 項 |
|---|---|
| (1) 1階平面図<br>兼<br>配置図<br>(1/100)<br><br>(2) 2階平面図<br>(1/100) | ア．敷地境界線と建築物との距離、建築物の主要な寸法を記入する。<br>イ．1階平面図兼配置図に、屋外テラス、塀、植栽、駐車スペース、駐輪スペース等を記入する。<br>ウ．室名を記入する。<br>エ．喫茶店部分には、テーブル、椅子、厨房設備機器、洗面器、便器を記入する。<br>オ．住宅部分には、台所設備機器（流し台、調理台、ガス台、冷蔵庫等）、浴槽、洗面器、便器、洗濯機を記入する。<br>カ．「通し柱」を○印で囲み、「耐力壁」に△印を付ける。<br>（注）「耐力壁」とは、筋かい等を設けた構造上有効な壁をいう。<br>キ．2階平面図に、1階の屋根伏図も記入する。<br>ク．矩計図の切断位置を記入する。 |
| (3) 立面図<br>(1/100) | ・南側立面図とする。 |
| (4) 2階床伏図兼<br>1階小屋伏図<br>(1/100) | ア．主要部材（通し柱、1階及び2階の管柱、胴差、2階床ばり、けた、小屋ばり、火打ばり、棟木・小屋束、もや・小屋束）については、凡例の表示記号にしたがって記入し、断面寸法（小屋束を除く）凡例欄に記入する。ただし、主要部材のうち、平角材又は丸太材としたものについては、その断面寸法を図面上に記入する。なお、根太及びたるきについては記入しなくても良い。<br>イ．その他必要に応じて用いた表示記号は、凡例欄に明記する。<br>ウ．建築物の主要な寸法を記入する。 |
| (5) 矩計図<br>(1/20) | ア．切断位置は、1階・2階それぞれの開口部を含む部分とする。<br>イ．作図の範囲は、柱心から1,000mm以上とする。<br>ウ．矩計図として支障のない程度であれば、水平方向及び垂直方向の作図上の省略は、行ってもよいものとする。<br>エ．主要部の寸法等（床高、天井高、階高、軒高、軒の出、ひさしの出、開口部の内法、屋根の勾配）を記入する。<br>オ．主要部材（基礎、土台、柱、大引、1階根太、胴差、2階床ばり、2階根太、けた、小屋ばり、もや、たるき）の名称・断面寸法を記入する。ただし、1階床を土間コンクリートとする場合は、コンクリートの厚さを記入する。<br>カ．床下換気口の位置・名称を記入する。<br>キ．アンカーボルト、羽子板ボルト等の名称・寸法を記入する。<br>ク．外気に接している次の部分の断熱措置を記入する。<br>・屋根（小屋裏が外気に通じている場合は、屋根の直下の天井）<br>・外壁<br>・1階床<br>・その他必要と思われる部分<br>ケ．室名及び内外の主要な部位（屋根、外壁、床、内壁、天井）の仕上材料名を記入する。 |
| (6) 面積表 | ア．建築面積、床面積及び延べ面積を、答案用紙の面積表に記入する。<br>イ．建築面積及び床面積については、計算式も記入する。<br>ウ．数値は、小数点以下第2位までとし、第3位以下は切り捨てる。 |

```
        18.200m        6.000m
   N    ┌─────────────┬────────┐
        │   隣地      │        │
        │   (±0)     │        │
        │             │        │
18.200m │   敷地      │   道路  │
        │ (331.24㎡)  │        │
        │   (±0)     │        │
        │             │   ●既存樹木エリア
        │             │   3640mm×3640mm
        └─────────────┴────────┘
            6.000m       道路
```

## 正方形のプランニング

要求延べ面積の中間値は200m²。総2階とすると、建築面積は100m²。正方形とすると約10m×10m。駐車場、駐輪場、屋外テラスなどを考慮してプロットします。そこからエスキースを開始。

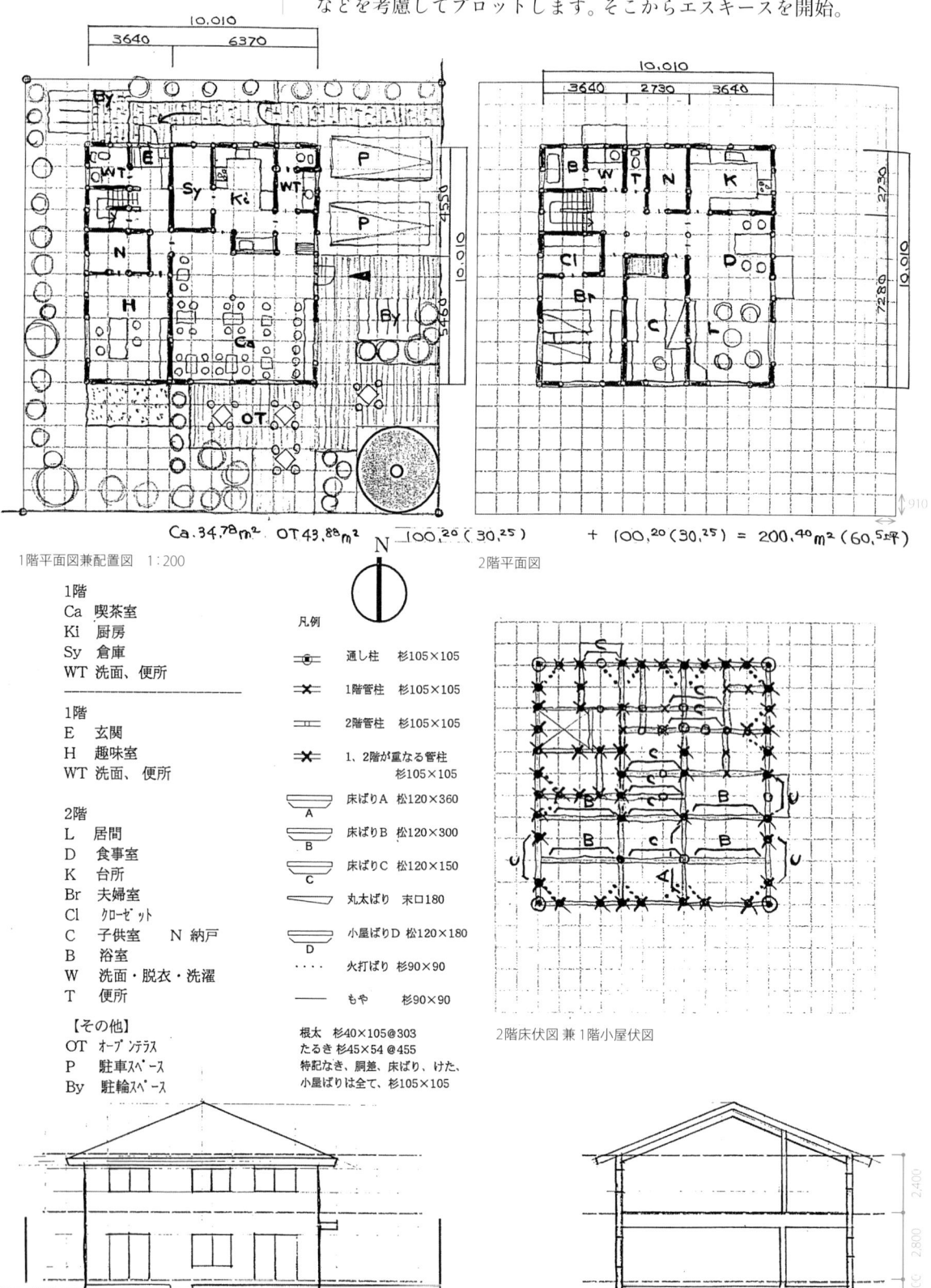

1階平面図兼配置図 1:200

1階
- Ca 喫茶室
- Ki 厨房
- Sy 倉庫
- WT 洗面、便所

1階
- E 玄関
- H 趣味室
- WT 洗面、便所

2階
- L 居間
- D 食事室
- K 台所
- Br 夫婦室
- Cl クローゼット
- C 子供室　N 納戸
- B 浴室
- W 洗面・脱衣・洗濯
- T 便所

【その他】
- OT オープンテラス
- P 駐車スペース
- By 駐輪スペース

凡例
- 通し柱　杉105×105
- 1階管柱　杉105×105
- 2階管柱　杉105×105
- 1、2階が重なる管柱　杉105×105
- 床ばりA　松120×360
- 床ばりB　松120×300
- 床ばりC　松120×150
- 丸太ばり　末口180
- 小屋ばりD　松120×180
- 火打ばり　杉90×90
- もや　杉90×90

根太　杉40×105@303
たるき　杉45×54@455
特記なき、胴差、床ばり、けた、小屋ばりは全て、杉105×105

2階平面図

2階床伏図 兼 1階小屋伏図

立面図

断面図

## 長方形のプランニング—A

間口8.19m(4.5間)、奥行きを11.83m(6.5間)としてエスキースを始めています。平面計画では、1階と2階の壁の位置を考えます。

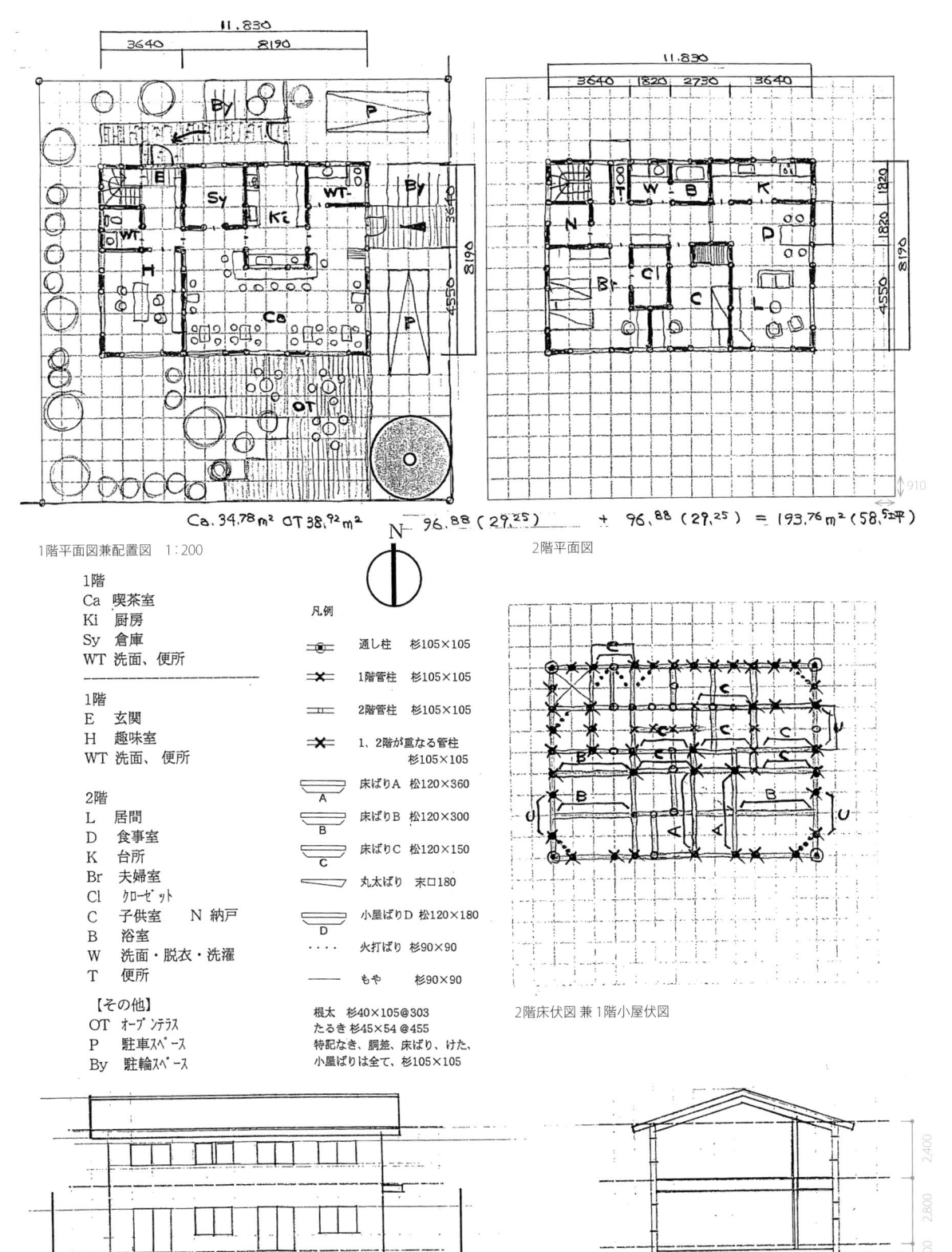

Ca. 34.78m² OT 38.92m²  96.88 (29.25) + 96.88 (29.25) = 193.76m² (58.5坪)

1階平面図兼配置図 1:200　　　　　2階平面図

**1階**
- Ca 喫茶室
- Ki 厨房
- Sy 倉庫
- WT 洗面、便所

**1階**
- E 玄関
- H 趣味室
- WT 洗面、便所

**2階**
- L 居間
- D 食事室
- K 台所
- Br 夫婦室
- Cl クローゼット
- C 子供室　N 納戸
- B 浴室
- W 洗面・脱衣・洗濯
- T 便所

**【その他】**
- OT オープンテラス
- P 駐車スペース
- By 駐輪スペース

**凡例**
- 通し柱　杉105×105
- 1階管柱　杉105×105
- 2階管柱　杉105×105
- 1、2階が重なる管柱　杉105×105
- 床ばりA　松120×360
- 床ばりB　松120×300
- 床ばりC　松120×150
- 丸太ばり　末口180
- 小屋ばりD　松120×180
- 火打ばり　杉90×90
- もや　杉90×90

根太 杉40×105@303
たるき 杉45×54 @455
特記なき、胴差、床ばり、けた、小屋ばりは全て、杉105×105

2階床伏図 兼 1階小屋伏図

立面図　　　　　断面図

伏図は、2階平面図をベースに、1階の柱間(スパン)が1.82mを超える部分の梁をプロットします。立面図、断面図では、断面を先行して描き、立面図に活かします。

## 長方形のプランニング―B (横長)

前頁のバリエーション。間口を0.91m(1コマ)減らした分を、奥行きの左右で0.91mずつ足した(16コマ)プラン。

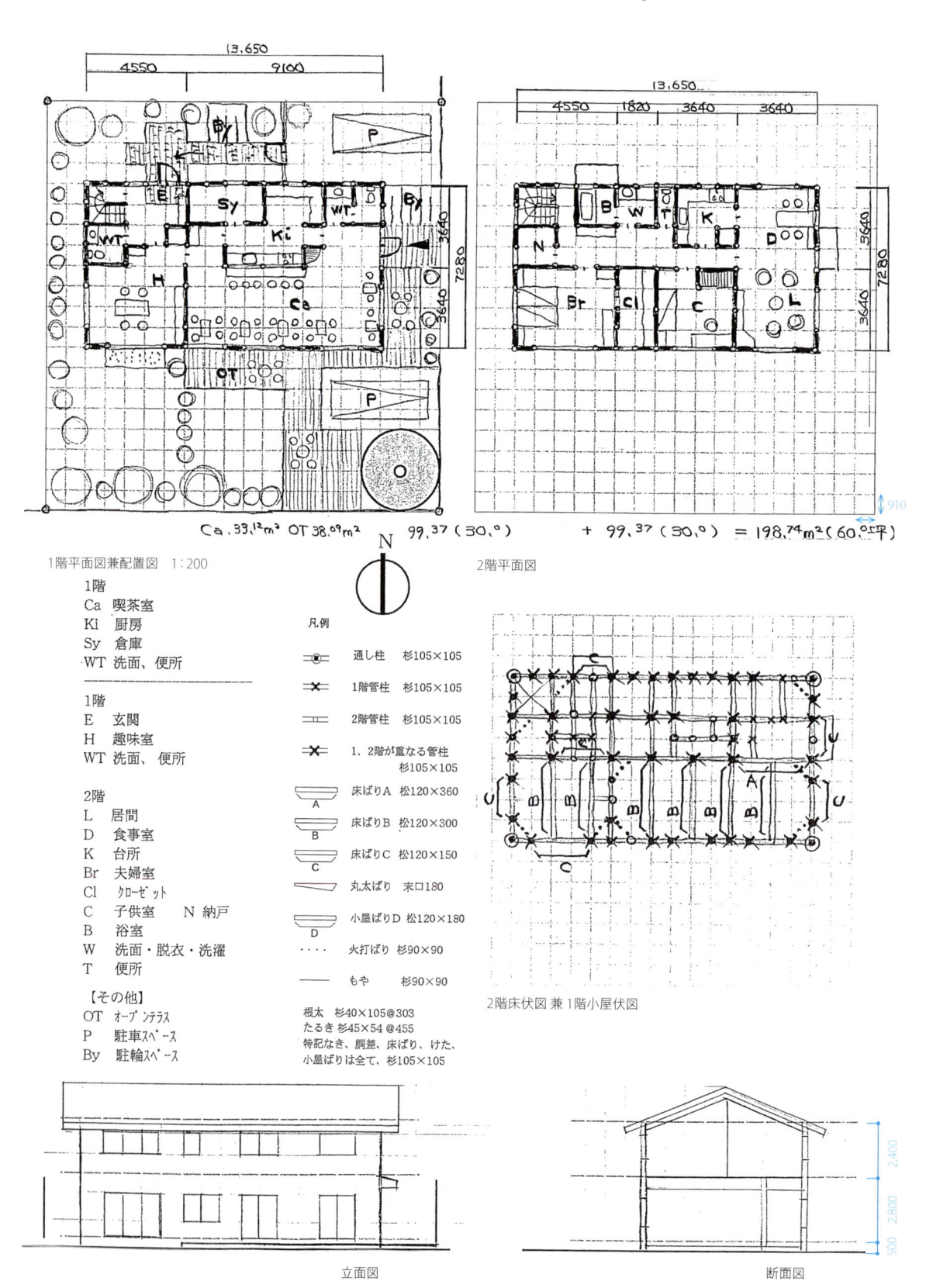

Ca.33.12m² OT 38.09m²　　99.37(30.0) ＋ 99.37(30.0) ＝ 198.74m²(60.05坪)

1階平面図兼配置図　1:200

2階平面図

**1階**
- Ca 喫茶室
- Ki 厨房
- Sy 倉庫
- WT 洗面、便所

**1階**
- E 玄関
- H 趣味室
- WT 洗面、便所

**2階**
- L 居間
- D 食事室
- K 台所
- Br 夫婦室
- Cl クローゼット
- C 子供室　N 納戸
- B 浴室
- W 洗面・脱衣・洗濯
- T 便所

【その他】
- OT オープンテラス
- P 駐車スペース
- By 駐輪スペース

凡例
- 通し柱　杉105×105
- 1階管柱　杉105×105
- 2階管柱　杉105×105
- 1、2階が重なる管柱　杉105×105
- 床ばりA　松120×360
- 床ばりB　松120×300
- 床ばりC　松120×150
- 丸太ばり　末口180
- 小屋ばりD　松120×180
- 火打ばり　杉90×90
- もや　杉90×90

根太　杉40×105@303
たるき　杉45×54@455
特記なき、胴差、床ばり、けた、小屋ばりは全て、杉105×105

2階床伏図 兼 1階小屋伏図

立面図　　　　　断面図

全体像を眺めてみると、長所と短所が明らかになる。短所部分にマークを付けて、製図（ドローイング）作業で解決する。

## L字形のプランニング

前頁のバリエーション。左側のアキを2.73m(3コマ)とし、その分を趣味室(H)を1.82m(2コマ)伸ばしたプラン。

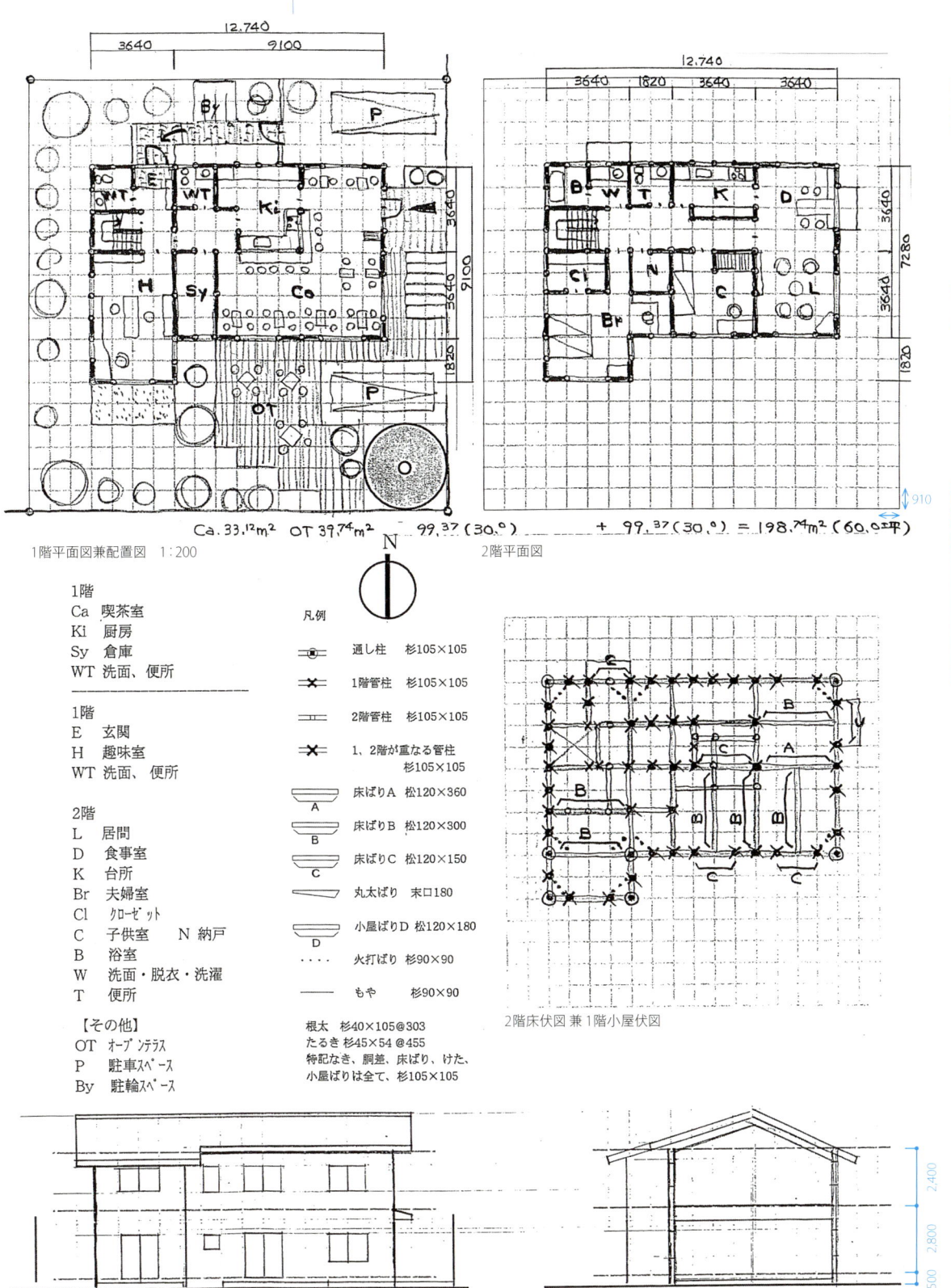

1階平面図兼配置図　1:200

Ca. 33.12m² OT 39.74m²　99.37(30.0)

2階平面図

+ 99.37(30.0) = 198.74m²(60.0坪)

1階
Ca 喫茶室
Ki 厨房
Sy 倉庫
WT 洗面、便所

1階
E 玄関
H 趣味室
WT 洗面、便所

2階
L 居間
D 食事室
K 台所
Br 夫婦室
Cl クローゼット
C 子供室　N 納戸
B 浴室
W 洗面・脱衣・洗濯
T 便所

【その他】
OT オープンテラス
P 駐車スペース
By 駐輪スペース

凡例

通し柱　杉105×105
1階管柱　杉105×105
2階管柱　杉105×105
1、2階が重なる管柱　杉105×105
床ばりA 松120×360
床ばりB 松120×300
床ばりC 松120×150
丸太ばり　末口180
小屋ばりD 松120×180
火打ばり　杉90×90
もや　杉90×90

根太　杉40×105@303
たるき　杉45×54@455
特記なき、胴差、床ばり、けた、小屋ばりは全て、杉105×105

2階床伏図 兼 1階小屋伏図

立面図　　断面図

# ❼ RC造のプランニング例

30頁で設計課題より条件を読み込み、32頁でゾーニングを試みたことをもとに、プランニングに取り組みます。

建築面積を11m×16mを中心に、10m×17m、10m×18mの3例でプランニングを進めます。

RC造の場合には、スパンを決めることが重要となります。

---

### 設計課題「多目的スペースのあるコミュニティ施設」［鉄筋コンクリート造（ラーメン構造）2階建］

#### 1. 設計条件

ある中核都市の住宅地において、公園に隣接する敷地に、地域住民が利用する多目的スペースのあるコミュニティ施設を計画する。
計画に当たっては、次の①～④に特に留意すること。
① 多目的スペースは集会、サークル活動に利用する他に、講演会やミニコンサート等にも利用できる計画とする。
② 喫茶室は、地域の憩いの場として、有効に機能するように計画する。
③ 東側の公園への連絡通路を設ける。
④ 高齢者、身体障害者等に配慮した計画とする。

(1) 敷地
 ア．形状、道路との関係、方位等は下図のとおりである。
 イ．第一種住居地域内にあり、防火・準防火地域の指定はない。
 ウ．建ぺい率の限度は60％、容積率の限度は200％である。
 エ．地形は平たんで、道路及び隣地との高低差はなく、地盤は良好である。
 オ．電気、都市ガス、上水道及び公共下水道は完備している。

(2) 構造及び規模
 鉄筋コンクリート造（ラーメン構造）2階建

(3) 延べ面積
 必ず「260㎡以上、295㎡以下」とする。
 （ピロティ、玄関ポーチ、屋外テラス、屋外駐車スペース、駐輪スペース等は床面積に算入しない。）

(4) 職員構成
 管理責任者1名
 コミュニティ施設の運営は、地域ボランティアグループが協力し、運営に当たる。（特にボランティア室等を設ける必要はない。）

(5) 要求室
 下表のすべての室は、必ず指定された設置階に計画する。

(6) 階段、エレベーター及びスロープ
 ア．建築物に、2以上の階段を設ける必要はない。
 イ．建築物内に、必ずエレベーター1台を設ける。
  ・エレベーターシャフトは、心々2,000mm × 2,000mm以上とする。
  ・駆動装置は、エレベーターシャフト内に納まるものとし、機械室は設けなくてよい。
 ウ．建築物内又は敷地内の通路の計画において高低差が生じる場合は、必要に応じてスロープ（勾配は建築物内1/12以下、敷地内1/15以下）とする。

(7) 外部スペース
 ア．駐車等スペース
  バリアフリー駐車スペース(3.0m × 6.0m)と小型乗用車（5人乗り）1台分の屋外駐車スペース及び5台以上の屋外駐輪スペースを設ける。
 イ．公園への連絡通路
  東側の公園への連絡通路を設ける。

| 設置階 | 室名 | 特記事項 |
|---|---|---|
| 1階 | 玄関 | ア．履物は履き替えないこととする。<br>イ．玄関付近に掲示板（長さ4.0m以上）を設ける。 |
| | 事務室 | ア．5㎡以上とし、受付カウンターを設ける。<br>イ．玄関に面して受付カウンターを設ける。 |
| | 多目的スペース | ア．建物の1階と2階部分を吹抜けたスペースとし、天井高さは、5.0m以上とする。<br>イ．講演会やミニコンサート等で利用する場合に、客席数が40席程度確保できるスペースとする。<br>ウ．収納スペースを隣接して設ける。<br>エ．低いステージと収納スペースを設ける。 |
| | 喫茶室 | ア．東側の公園への連絡通路に面して設ける。<br>イ．4人掛けのテーブルを4組（合計16席）を設ける。 |
| | キッチン | ア．喫茶室に隣接し、5㎡以上とする。<br>イ．レンジ、流し台、冷蔵庫を設ける。 |
| | 便所 | ・男女別に設ける。 |
| | 車椅子使用者用便所 | ア．1室設ける。<br>イ．広さは、心々2,000mm × 2,000mm以上とする。 |
| | 防災倉庫 | ・5㎡以上とし、外部からの搬出入口を設ける。 |
| 2階 | 集会室(1)<br>集会室(2) | ア．25㎡以上とし、外部バルコニーを設ける。<br>イ．15㎡以上とし、外部バルコニーを設ける。 |
| | 児童図書コーナー | ・適宜 |
| | 倉庫 | ・3㎡以上とする。 |
| | 便所 | ・男女別に設ける。 |

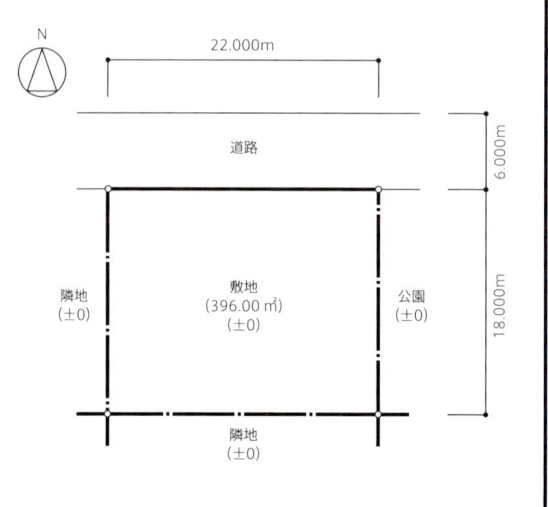

敷地 (396.00㎡) (±0)
道路 22.000m / 6.000m
隣地 (±0) / 公園 (±0) / 隣地 (±0)
18.000m

46

## 第1案

**基本的な要素**

1. アプローチ　　〇
2. 多目的スペース　〇
3. 2階の主要室　　〇
4. 階段、EV、WC　△
5. バランス　　　〇

基本点　　4

**環境と生活アプローチ要素**

1. 環境として　　〇
2. 立体アプローチ　〇
3. 空間アプローチ　〇
4. 機能性　　　　△
5. 居住性　　　　〇

アプローチ点　4

総合得点　　8

東西のスパンを17mの半分の8.5mとし、南北のスパンを多目的スペースと喫茶室をにらみ4mと6mの2種類としている。

# RC造・小規模公共建築の平面と立面のプランニングの第1案

東西2スパン、南北に2スパンを用いたプランニング。必要な要素は盛り込めます。

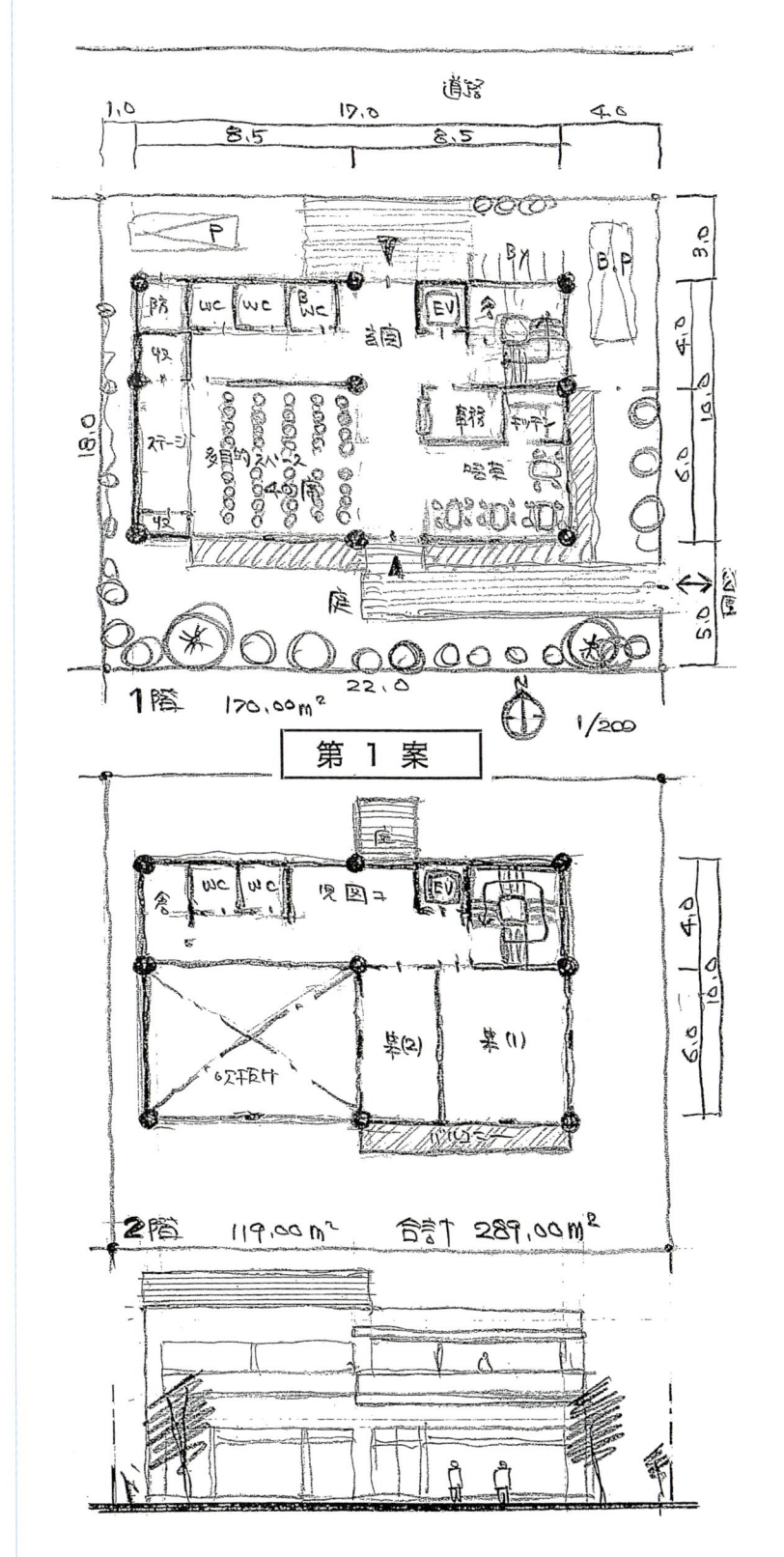

[図1]「コミュニティ複合施設・RC造」プランニング第1案

## 第2案

**基本的な要素**
1. アプローチ　　　○
2. 多目的スペース　　○
3. 2階の主要室　　　△
4. 階段、EV、WC　　○
5. バランス　　　　○

基本点　　　　4

**環境と生活アプローチ要素**
1. 環境として　　　○
2. 立体アプローチ　　○
3. 空間アプローチ　　○
4. 機能性　　　　　○
5. 居住性　　　　　○

アプローチ点　　5

総合得点　　　　9

東西のスパンを5.5mと5mの2種類とし、南北のスパンは11mの半分の5.5mとしている。

# RC造・小規模公共建築の平面と立面のプランニングの第2案

東西3スパン、南北2スパンを用いたプランニング。階段＋トイレ、エレベーター＋車椅子使用者トイレをそれぞれ1スパンに納めています。玄関上部を吹抜けとすることで、延べ面積を調整しています。

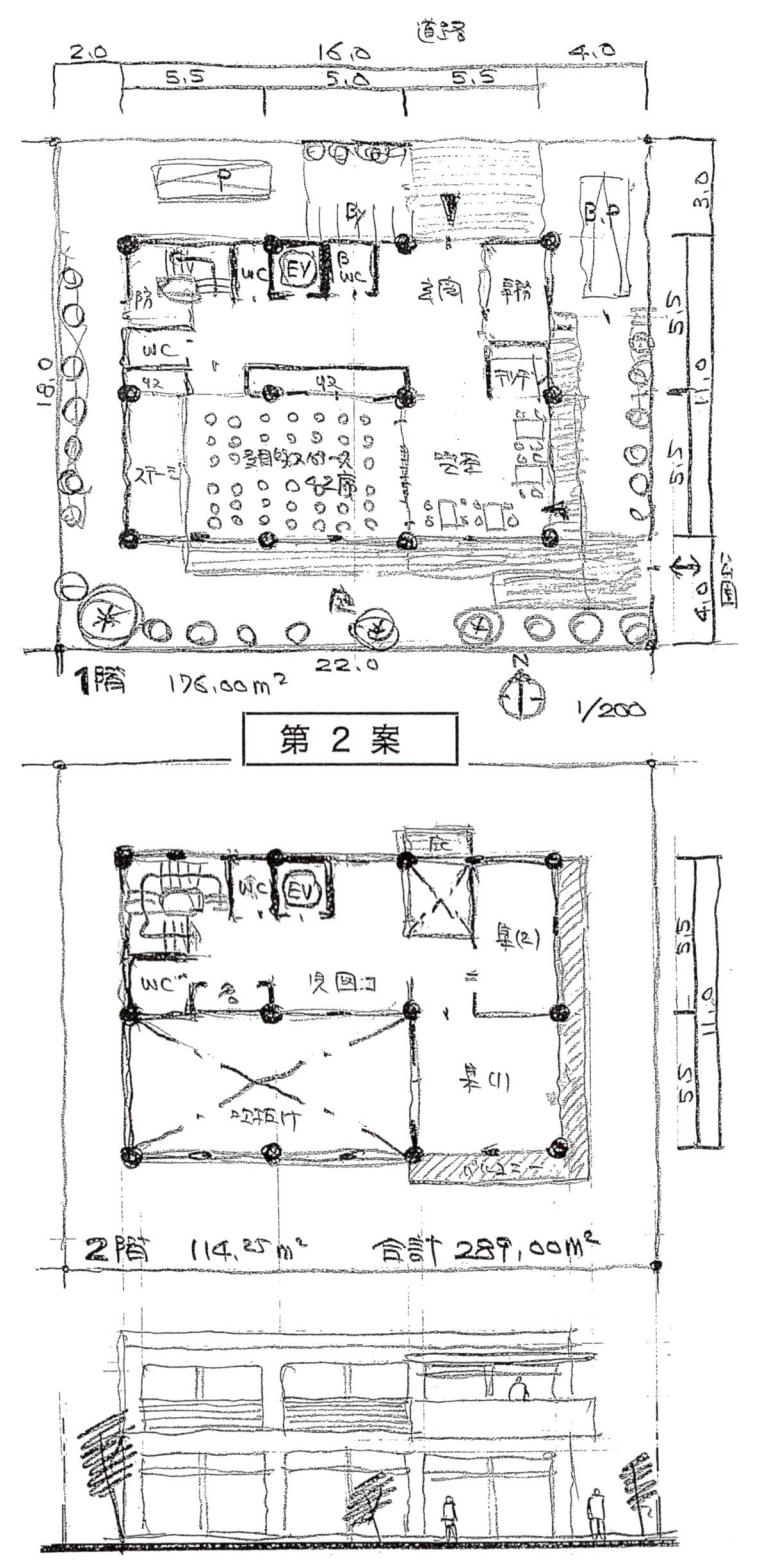

[図2]「コミュニティ複合施設・RC造」プランニング第2案

## 第3案

### 基本的な要素
1. アプローチ ○
2. 多目的スペース △
3. 2階の主要室 ○
4. 階段、EV、WC △
5. バランス ○

基本点 　3

### 環境と生活アプローチ要素
1. 環境として ○
2. 立体アプローチ ○
3. 空間アプローチ △
4. 機能性 ○
5. 居住性 ○

アプローチ点 　4

総合得点 　7

東西のスパンは18mを3分割して6m、南北のスパンは4mと6mの2種類としている。

## RC造・小規模公共建築の平面と立面のプランニングの第3案

第2案の間口を2m増やし、奥行きを1m減らしたプランニング。多目的スペースを2スパンに納めているのが特徴です。

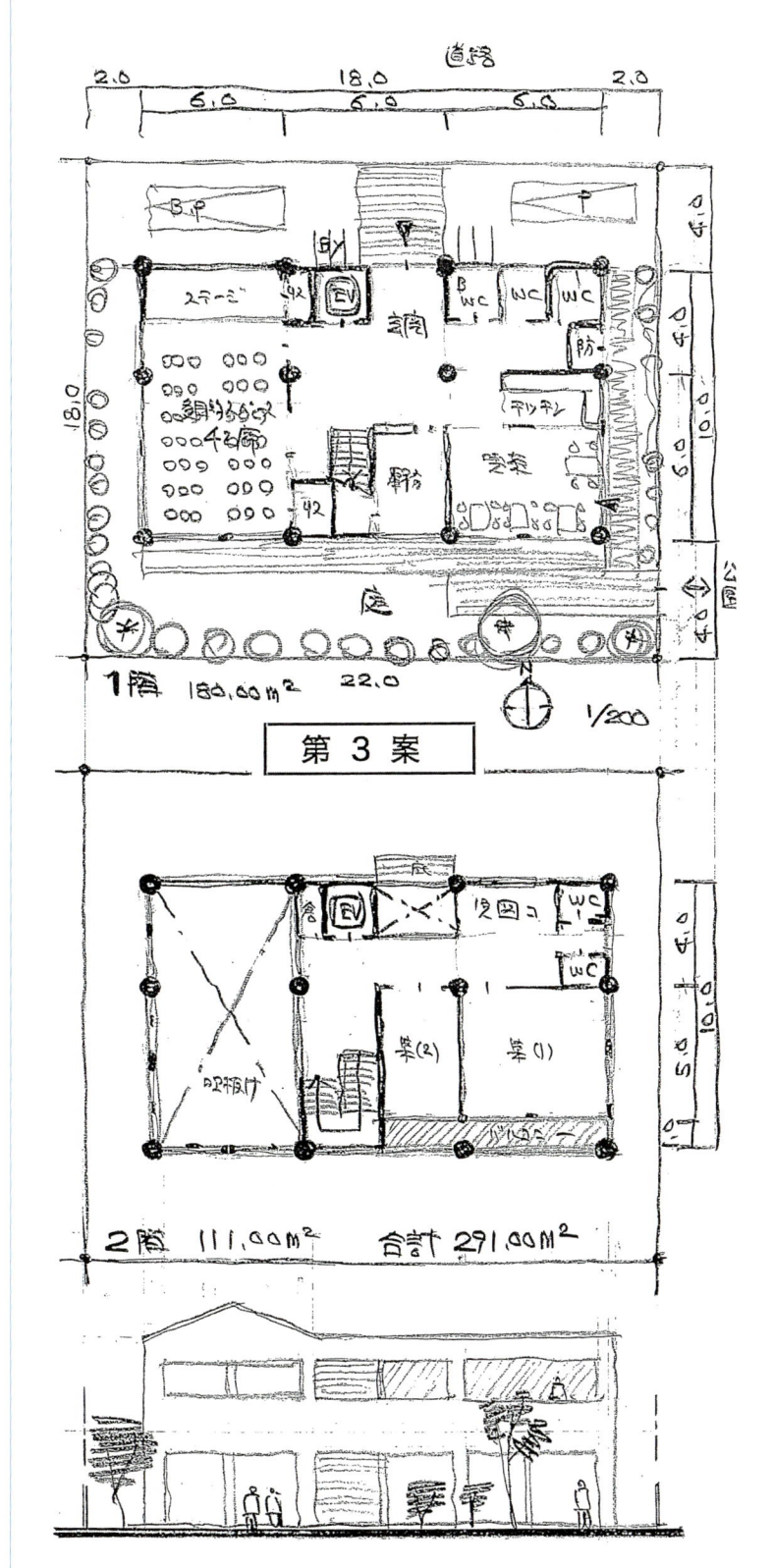

[図3]「コミュニティ複合施設・RC造」プランニング第3案

## RC造・小規模公共建築のプランニングの決定

総合的なイメージで重要なところに「○」と「×」を付けて、決定する。
エスキース案として、第2案の良さを確認。

決定するまでのプロセスが大切なので、自己採点で×の部分がある場合には基本的なゾーニング段階に戻りますが、どのエスキース案を選択するかによって、その後の製図作業で調整する部分が決まります。

| 自己採点 | |
|---|---|
| ○の数が多い案を選択する | 長所が多いので、短所の修正を考える |
| △の数が少ない案を選択する | 短所が少ないので、長所となる案の特長を追求する |

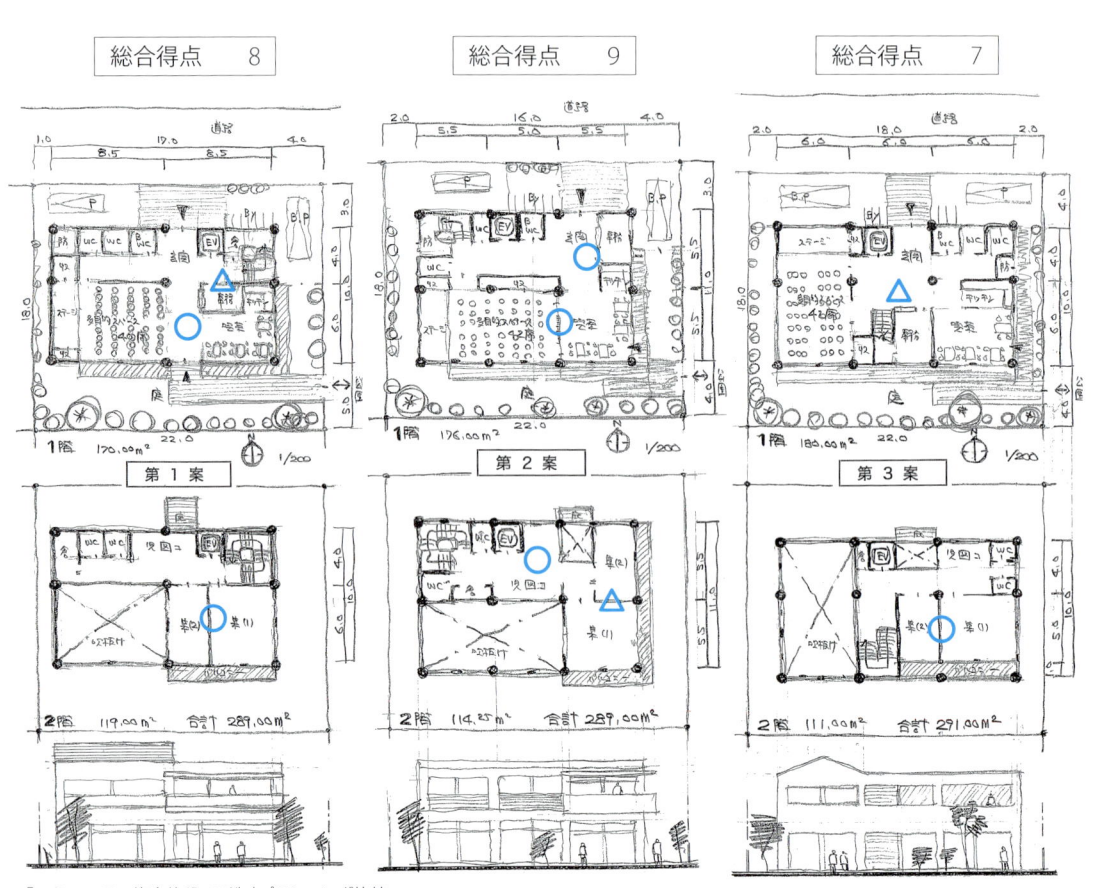

総合得点 8 　　　総合得点 9 　　　総合得点 7

第1案　　　第2案　　　第3案

「コミュニティ複合施設・RC造」プランニング比較

## 第2案の製図（ドローイング）例

エスキースをもとに完成させたものが下の図です。

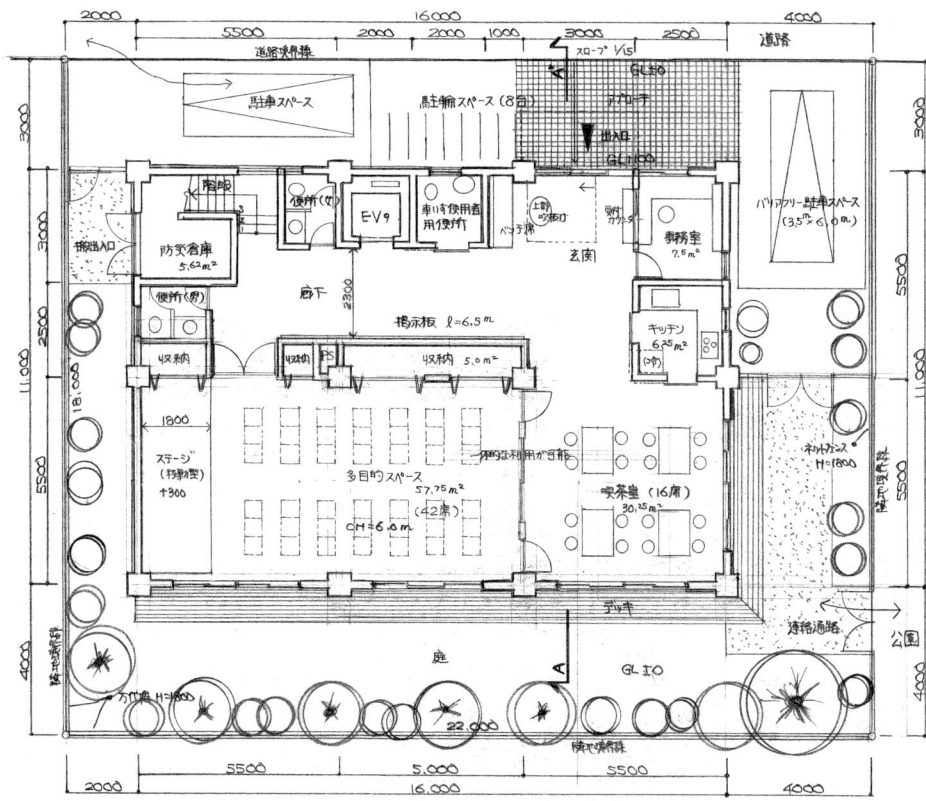

1階平面図 S=1/200

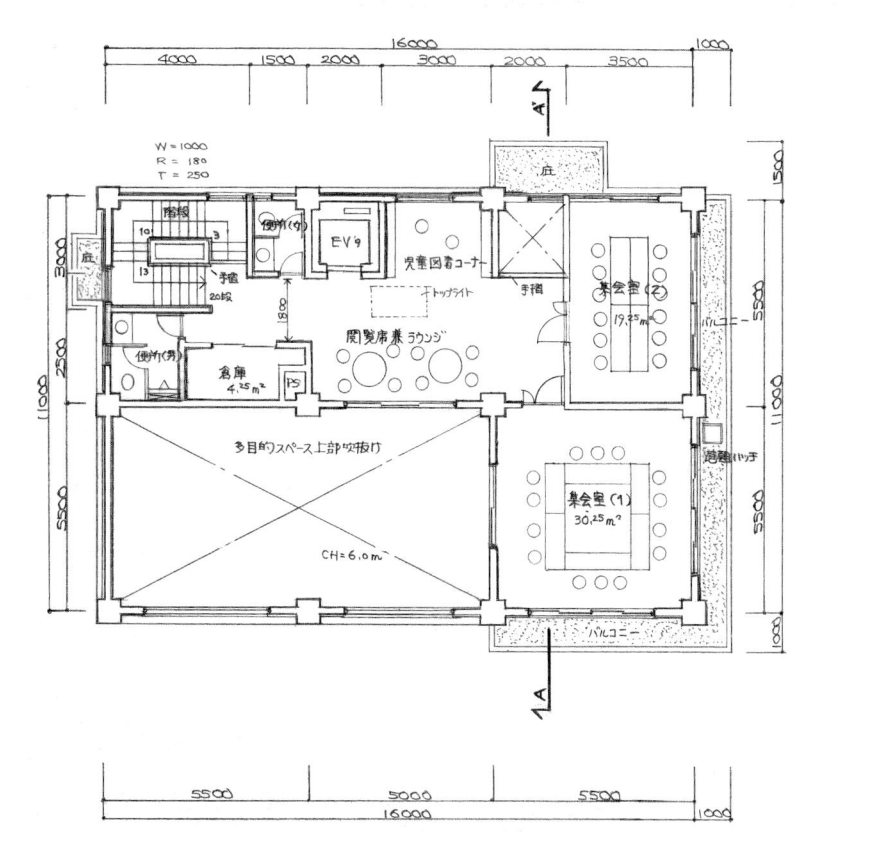

2階平面図 S=1/200

# ❽ エスキースの最終チェックリスト

**留意事項**
● 方位を間違えたら致命的！
● 主要な設計条件はとても重要！
● 延べ面積範囲内は必須！
● 人員構成は基本事項！
● 要求室が設計の要！
● 外部スペースを確実にエスキース！
● 主要室の面積は重要！

**再プランニングのコツ**
1. 建物配置をずらす。
2. 建物のタテヨコ比を変える。
3. 柱間(スパン)を変更。
4. 階段の形や方向を変える。
5. 主要室を入れ替えるか付属室をまとめる。

**短時間エスキース習得法**
イ. 短時間集中力を身につける。
ロ. 倍速のスピード感を養う。
ハ. 冷静に思考するトレーニング。

## ゾーニングからプランニングまでの最終チェック

チェック項目を7つに絞り、その内容を以下にまとめます。プランニングに戻るか、製図(ドローイング)作業で調整するかの目安です。チェック項目の内、2つ以上に問題がある場合は、再プランニングへ戻るほうがいいでしょう。

| チェック項目 | チェック内容 | ● プランニングに戻る / ○ 製図作業で調整 |
|---|---|---|
| ① 敷地条件 | 道路の向きを間違えた / 2方向進路をわからず案を作成 | → ● / → ○ アプローチをアレンジ |
| ② 設計条件 | 主要な設計条件ミス / 付属的な設計条件ミス | → ● / → ○ プランニング調整 |
| ③ 延べ面積 | 10㎡以上の増減 / 10㎡未満の増減 | → ● / → ○ 部分的に修正 |
| ④ 家族構成等 | 人数を少なく間違えた / 人数を多く間違えた | → ● / → ○ 予備室に利用 |
| ⑤ 要求室 | 主要室が足りない／設置階ミス / 付属室が足りない | → ● / → ○ 部分的に修正 |
| ⑥ 外部スペース | 駐車スペースが足りない / 境界線までの距離に問題あり | → ● / → ○ 配置をアレンジ |
| ⑦ 各室面積 | 主要室の面積間違い / 付属室の面積間違い | → ● / → ○ 部分的に修正 |

エスキース最終チェックリスト

**エスキースの時間配分**　・原則として、エスキースは1時間以内に完了する

- 10分【設計条件の読み込み、1回目のマーキング】
- 15分【ゾーニング(できれば2案つくる)】
- 25分【プランニング(概略1階平面、2階平面、略断面図)】
- 10分【設計条件チェック、2回目のマーキング】
- 15分以内(再プランニングの場合の延長時間)

# II｜単位空間のユニット

## 1 単位空間

### II-1 木造住宅編

木造住宅の単位空間モジュール（基本寸法）は一般的に910mmという寸法が用いられます。この910mmを3尺とか半間と呼んだりします。また、最近では1Pとも呼ぶこともあります。

柱間は一般的に1820mmを基本として構成し、柱が1820mm以上の間隔になった場合に梁を入れて補強します。910mm×1820mmは畳1畳で、1820mm×1820mm畳2畳の広さを1坪と呼びます。以下の表に主だった部屋の必要広さを当てはめていますので、目的の部屋が何コマで構成されるのかを目安として下さい。1コマ＝910mm×910mm（0.82m²）で、2コマ＝1畳（1.65m²）、4コマ＝2畳（3.31m²）＝1坪、12コマ＝6畳（9.93m²）＝3坪となります。

また、m²数としても概算で頭に入れておくと良いでしょう。

*木造住宅編の図面は、2級建築士の解答用紙に合わせて、1コマ＝455mm×455mm（0.20m²）となっています。

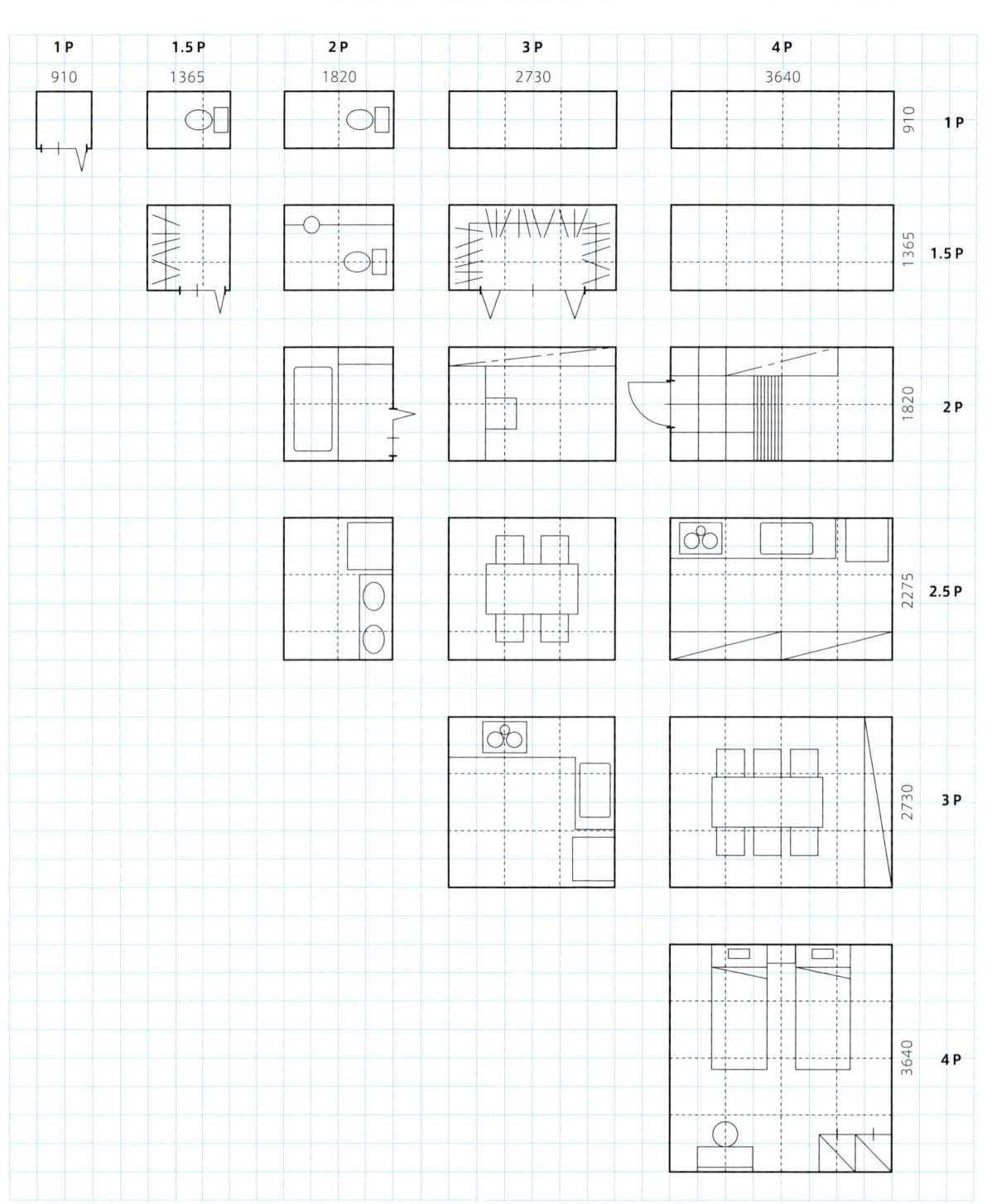

## II-1　木造住宅編

### 2　玄関・玄関ホール

**空間のツール（設備）**
下足入れ・上り框・式台など……図示
手摺・物入・コート掛けなど
※近年、シューズインクローゼット（S・I・C）を玄関脇に設け、靴の保管やゴルフバッグなどを収納することもあるので、その動線も考慮する。

**広さ（3畳〜4畳〜8畳）**
幅は1820mm以上は確保して、奥行きはそれぞれ1820mm以上は欲しい。出入りだけでなく、配送物の受け取り、ちょっとした立ち話をするためのスペースにも利用するので、土間部分の奥行きも1365mm程度は確保したい。

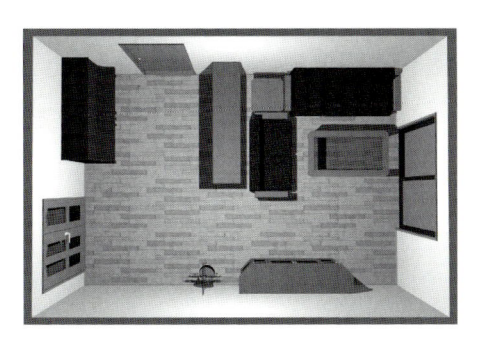

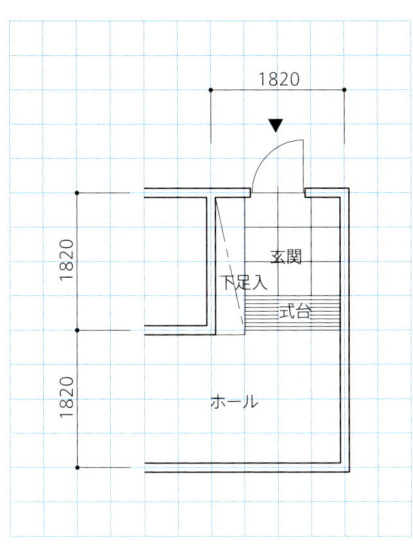

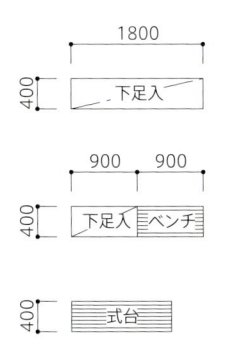

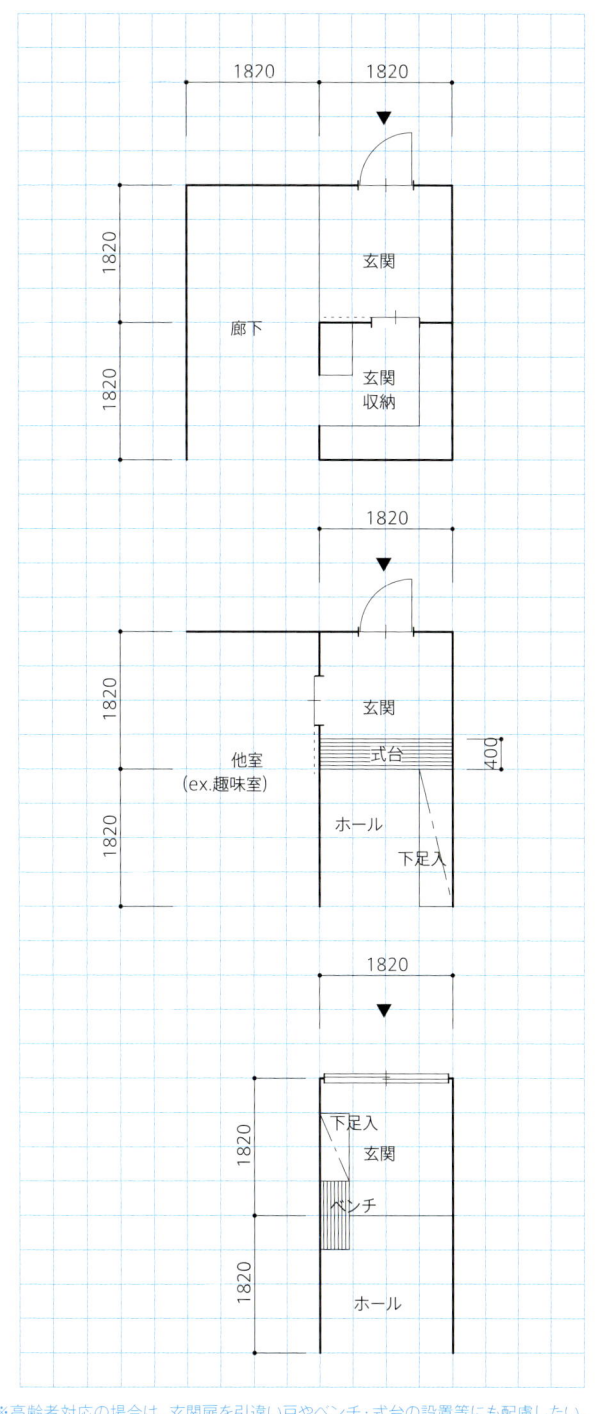

### 空間のツール

※高齢者対応の場合は、玄関扉を引違い戸やベンチ・式台の設置等にも配慮したい。

## II-1　木造住宅編

### 3　居間

**ツール（設備）**
ソファセット・TV台・飾り棚・ピアノ置き場など
※家族がゆっくりとくつろげる雰囲気で南面して設ける。また、食事室・廊下との動線を考慮する。

**広さ（8畳～12畳）**
ソファセットやその他の家具配置・動線などを考慮して、その広さを確保する。
※台所・食事室が一緒になったLDKタイプ、LD+K、L+DKの場合があるが、どのタイプも各室単独の場合と同程度の面積は必要である。

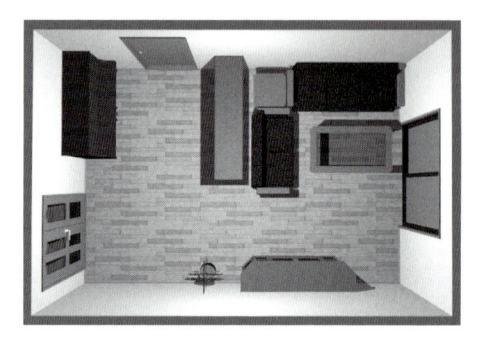

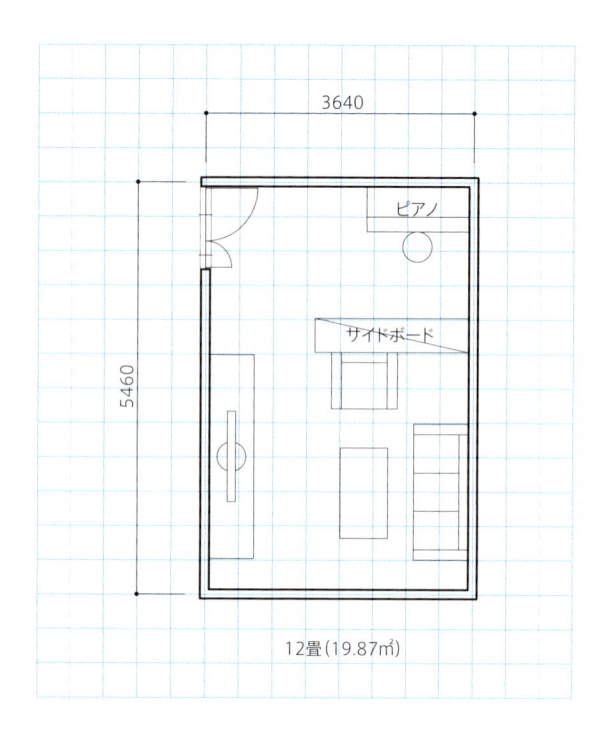

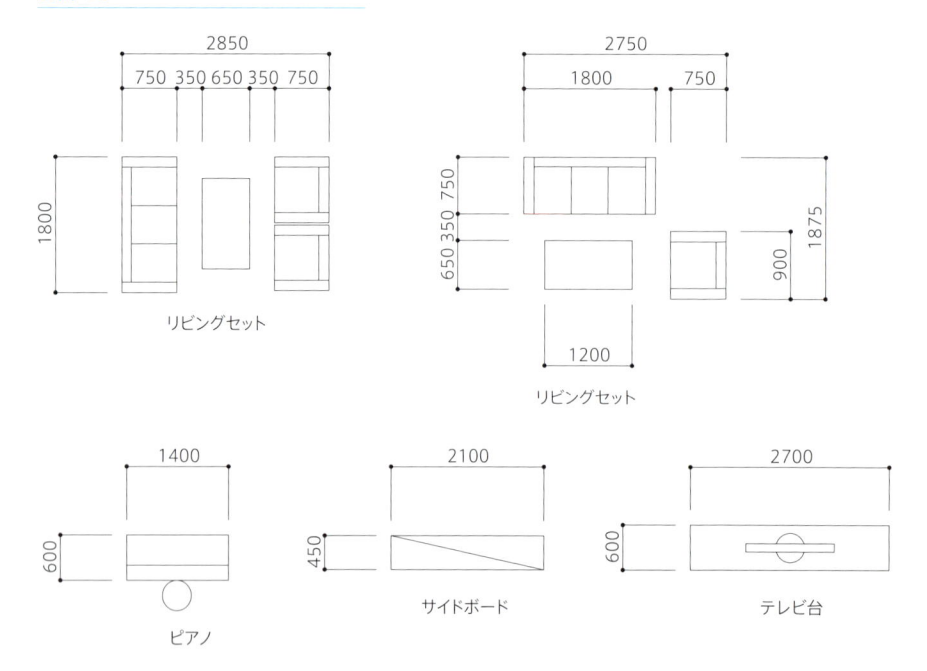

12畳(19.87㎡)

### 空間のツール

リビングセット

リビングセット

ピアノ

サイドボード

テレビ台

56

## II-1　木造住宅編

### 4　食事室

**ツール（設備）**
食卓テーブル・椅子・食器棚など
※台所からの食事を運ぶ動線や、居間・廊下との動線を考慮する。原則として南面が好ましいが、景色の良い方向に設ける場合もある。

**広さ広さ（4.5畳〜8畳）**
独立した食事室であれば、人数分の食卓テーブルや椅子、また食器棚のスペースや動線などを考慮してその広さを確保する。
※台所と食事室が一緒になったDKタイプの場合は、対面型やアイランド型のキッチンスペースも考えられる。

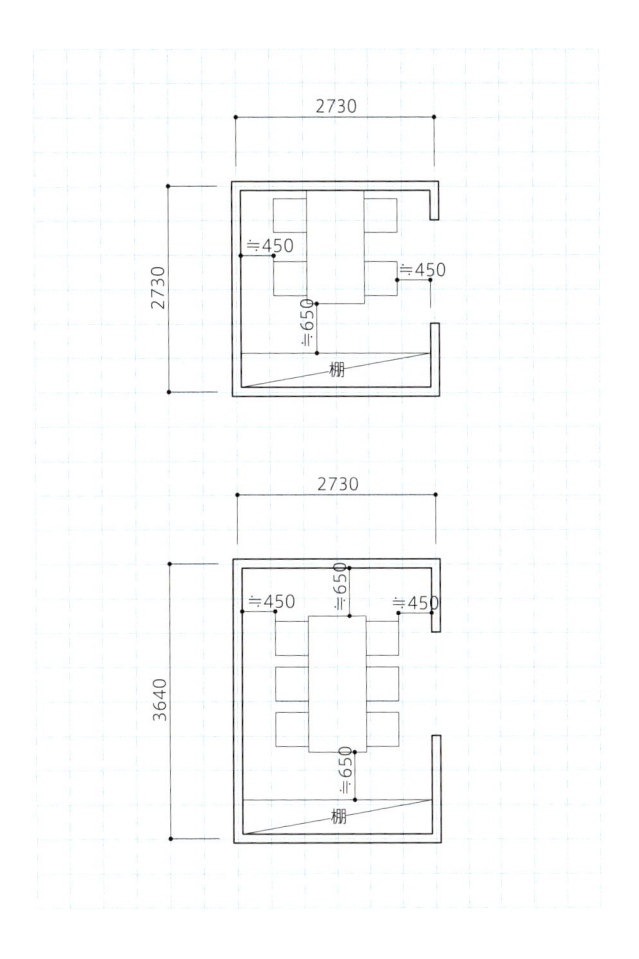

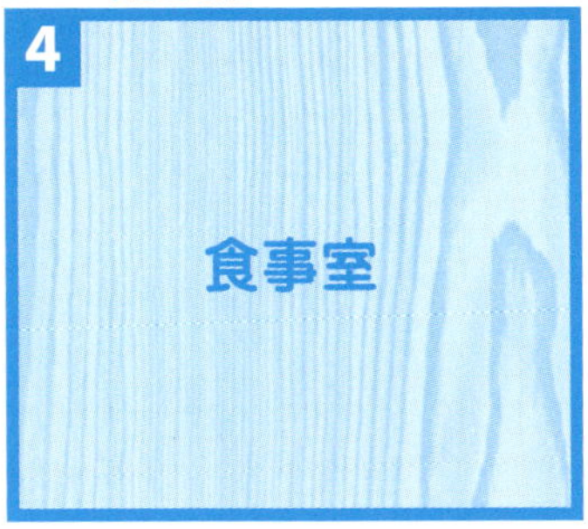

### 空間のツール

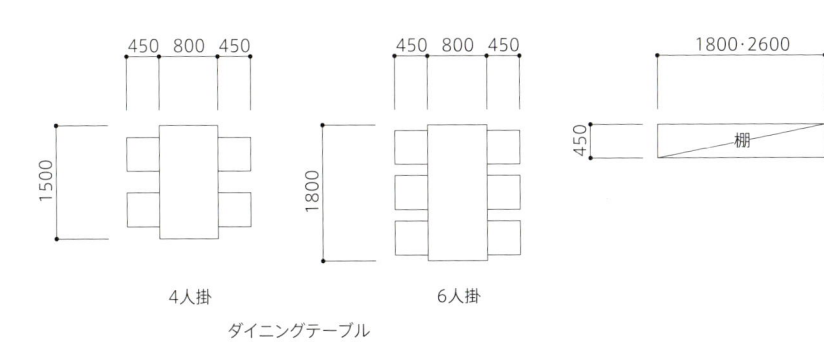

ダイニングテーブル　4人掛／6人掛

## II-1 木造住宅編

### 5 台所

**ツール（設備）**
流し台・調理台・コンロ台・冷蔵庫…図示
食器棚・換気扇
※キッチンセット＋冷蔵庫は使い勝手の配列を考慮して平面計画を行う必要がある。
食品庫や家事コーナーを設けることがある。
また、家事を考えると、洗濯機の設置や洗面・脱衣室への動線を考慮したい。

**広さ（3.75畳～4.5畳～6畳）**
独立した台所であれば、キッチンセット1＝2700mm程度＋冷蔵庫スペース900mm程が並ぶ長さで3640mm程度。背中側に食器棚置き場を考え、間の作業スペースを800mm程度確保すると、最小で4畳～6畳程度必要である。
※台所と食事室が一緒になったDKタイプの場合は、対面型やアイランド型のキッチンスペースも考えられる。

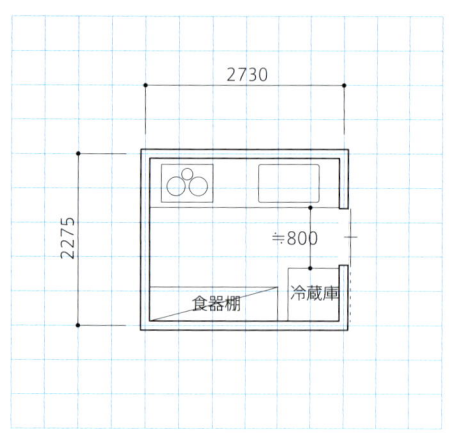

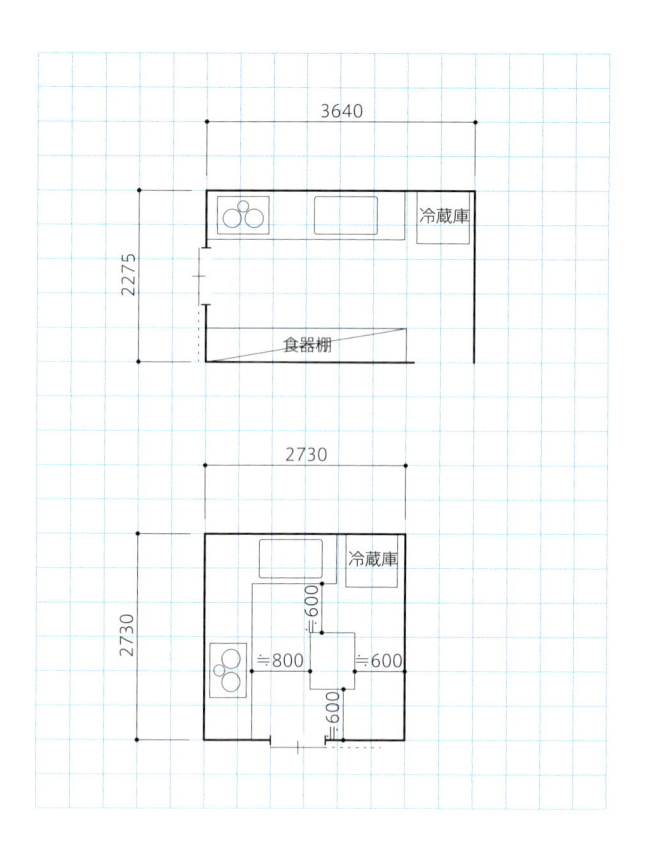

### 空間のツール

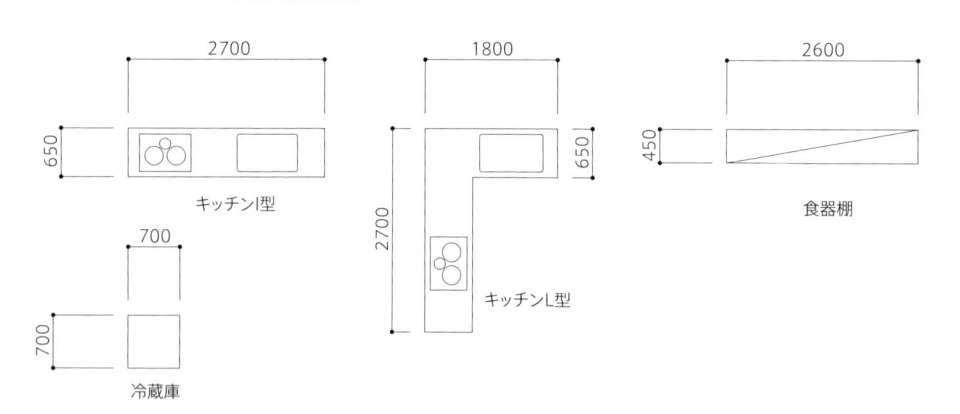

※一般住宅では長さ2700mm程度のI型キッチンセットが多いが、調理スペースが少ないと感じる場合がある。キッチンセットが長くなると横に移動する作業動線が長くなり作業効率が悪い。そこで調理スペースを長くしても移動動線の短いL字型キッチンや、キッチンセットとは別に作業台を設けたアイランド型キッチン、二列型キッチンがある。またU字型キッチンなども作業性の効率は良い。家族構成や調理量により効率的な動作が行えるキッチンを計画することが大事である。

## 11-1　木造住宅編

### 6　LDK・L+DK・LD+K

**ツール（設備）**
LDKが一室になった場合、台所のレンジはなるべく外壁に面する場所に設置する。やむを得ず外壁に面さない場合には、レンジの排気経路に注意する。

**広さ（16畳～24畳）**
各室の設備・家具・作業動線・機能動線を考慮した配置計画が必要。

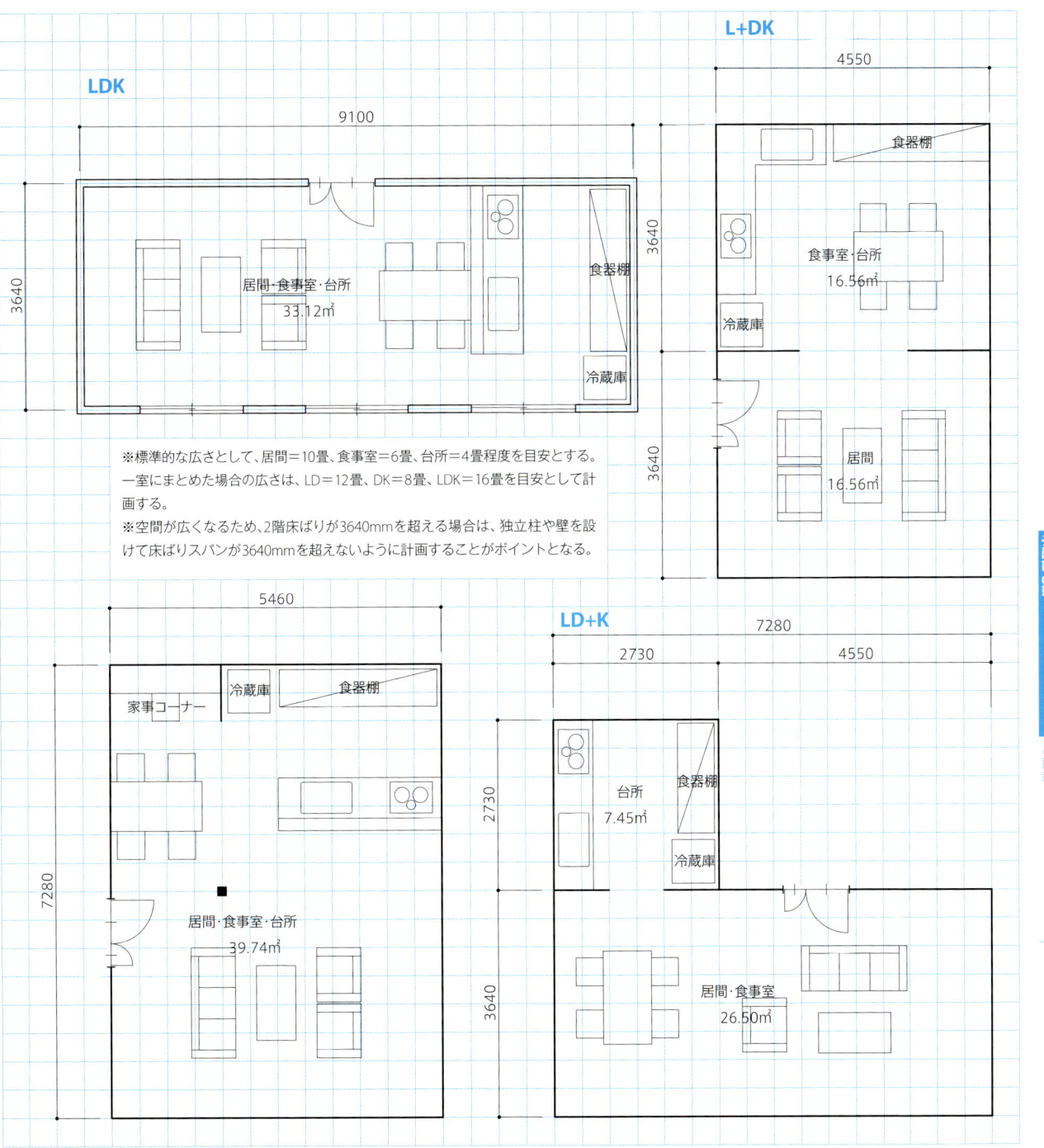

**LDK**
- 居間・食事室・台所　33.12㎡
- 9100 × 3640

**L+DK**
- 食事室・台所　16.56㎡
- 居間　16.56㎡
- 4550 × 3640 / 3640

**LD+K**
- 台所　7.45㎡
- 居間・食事室　26.50㎡
- 2730 + 4550 = 7280、2730 / 3640

**（左下 LDK一室型）**
- 居間・食事室・台所　39.74㎡
- 5460 × 7280

※標準的な広さとして、居間＝10畳、食事室＝6畳、台所＝4畳程度を目安とする。一室にまとめた場合の広さは、LD＝12畳、DK＝8畳、LDK＝16畳を目安として計画する。

※空間が広くなるため、2階床ばりが3640mmを超える場合は、独立柱や壁を設けて床ばりスパンが3640mmを超えないように計画することがポイントとなる。

## II-1　木造住宅編

### 7　夫婦寝室

**ツール（設備）**
ベッド・ナイトテーブル・化粧台・収納など
※方位は南面させて設ける。
また、書斎スペースやウォークインクローゼット（W.I.C）をその中に設けることもある。

**広さ（8畳〜10畳〜16畳）**
シングルベッドを2台もしくはダブルベッド、ナイトテーブルや化粧台を配置して動線を考慮すると、それだけでも幅・奥行き共に3640mmが必要である。余裕を持って16㎡は確保したい。
※ベッドや家具、収納、W.I.Cなどの動線に注意して計画する。

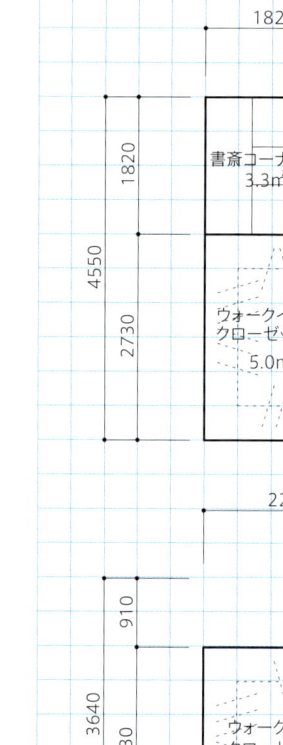

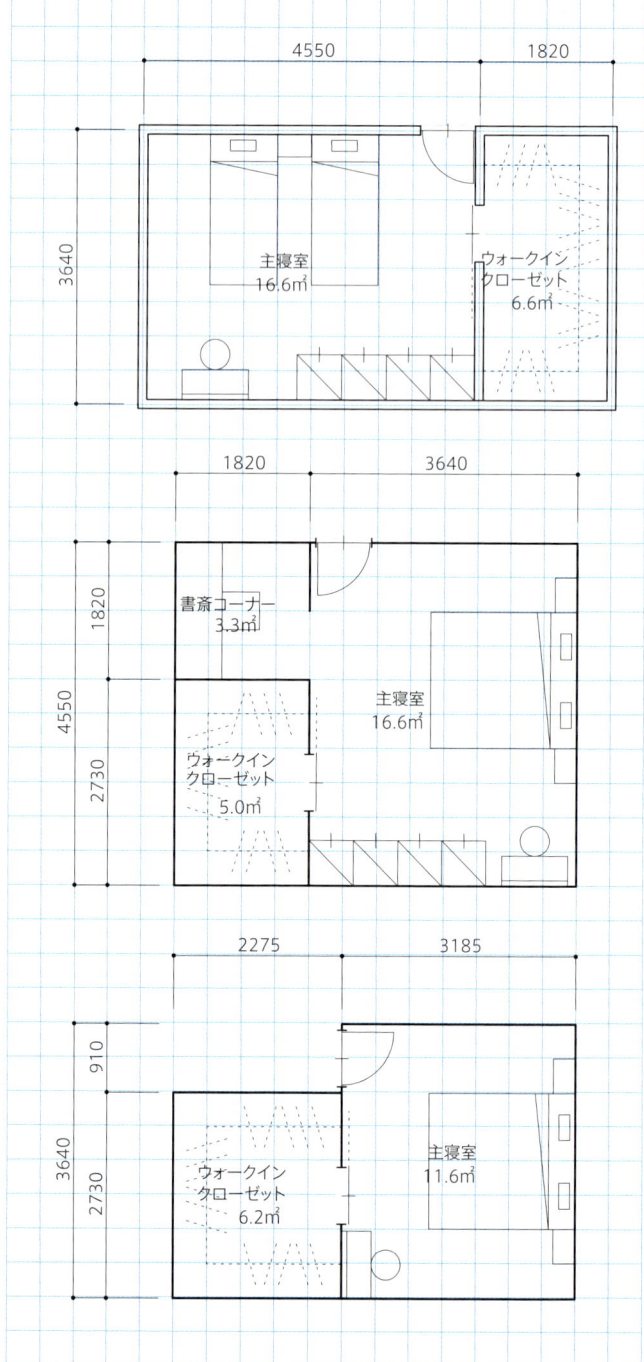

### 空間のツール

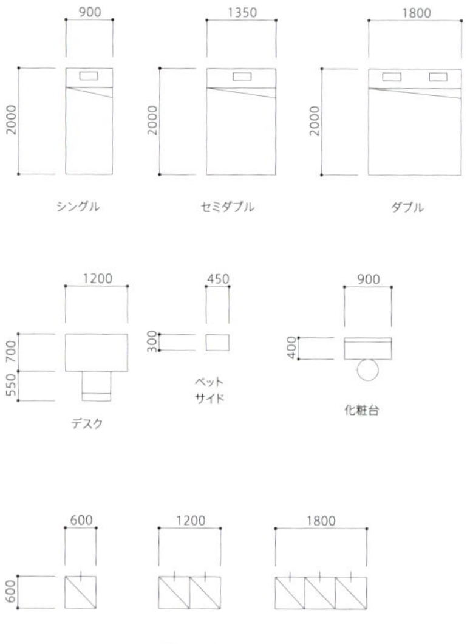

シングル 900×2000
セミダブル 1350×2000
ダブル 1800×2000

デスク 1200×700 (550)
ベッドサイド 450×300
化粧台 900×400

収納ユニット
600×600
1200×600
1800×600

### 平面図

主寝室 16.6㎡ / ウォークインクローゼット 6.6㎡
（4550 + 1820 × 3640）

書斎コーナー 3.3㎡ / ウォークインクローゼット 5.0㎡ / 主寝室 16.6㎡
（1820 + 3640 × 1820 + 2730）

ウォークインクローゼット 6.2㎡ / 主寝室 11.6㎡
（2275 + 3185 × 910 + 2730）

## II-1　木造住宅編

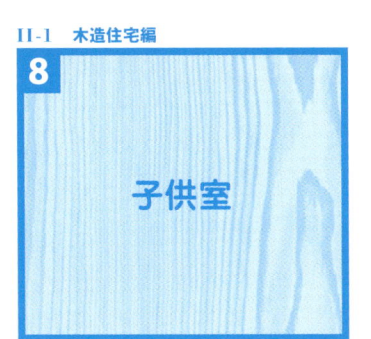

### 8　子供室

**ツール（設備）**
ベッド・机・本棚・収納など
※方位は南面させて設けるが、3室要求がある場合には1室のみ南面しなくてもやむを得ない。
ウォークインクローゼット（W.I.C）をその中に設けることもある。

**広さ（6畳〜8畳）**
シングルベッド・机・本棚などを配置して動線を考慮すると、それだけでも幅・奥行き共に2730mmは必要である。余裕を持って幅2700mm×奥行き3640mmとして、10m²は確保したい。
※ベッドや家具、収納、W.I.Cなどの動線に注意して計画する。

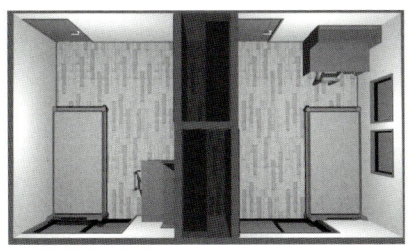

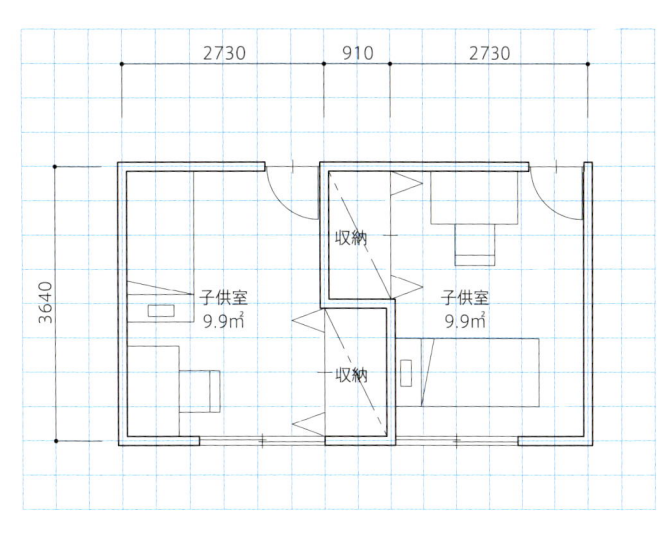

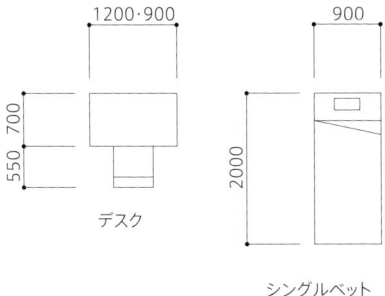

### 空間のツール

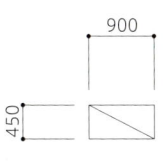

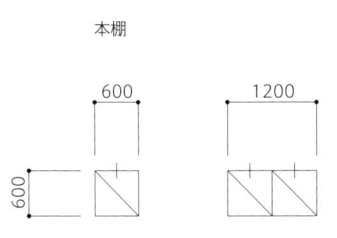

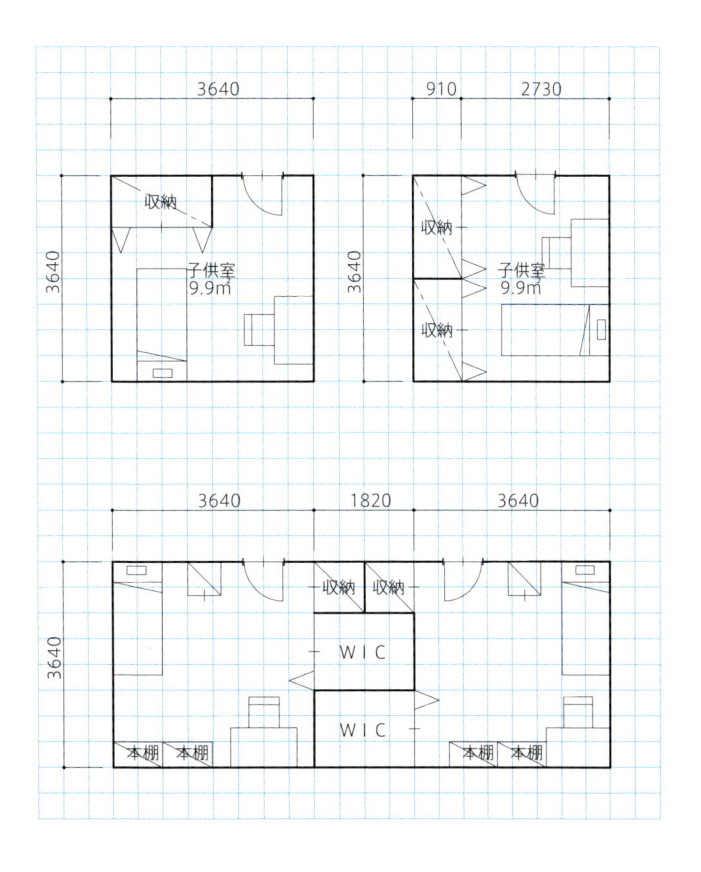

- デスク 1200・900 / 550・700
- シングルベッド 900 × 2000
- 本棚 900 × 450
- 収納ユニット 600 × 600 / 1200 × 600

## II-1　木造住宅編

### 9　和室

**ツール（設備）**
畳・床の間・押入れなど…図示
※高齢者室の場合は必ず南面させ便所や浴室の付近に設け、客間の場合は玄関や居間との動線に配慮し、将来対応の予備室の場合と共に出来るだけ南面させて設ける。
本床の場合は、床脇や書院を設ける。

**広さ（6畳～10畳～12.5畳）**
用途によるが、6畳から8畳程度。床の間・押入れもそれぞれ1畳程度を確保する。
※用途により各室との動線に注意して計画する。

### 空間のツール

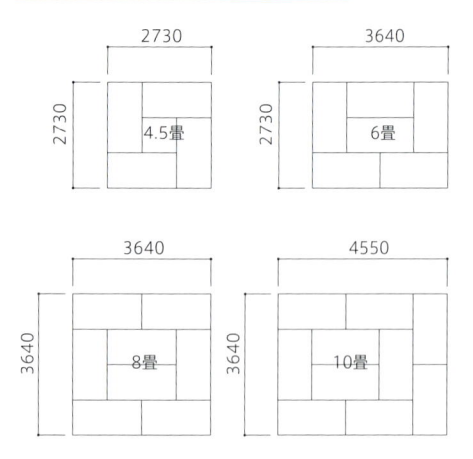

- 4.5畳　2730×2730
- 6畳　3640×2730
- 8畳　3640×3640
- 10畳　4550×3640

※畳数により、畳の敷き込み方を覚える。

💡 和室の広さには関東間と京間がある。関東間は柱割りの基準が6尺は1間とするのに対し、京間は柱割りの基準が6.5尺を1間としている。また、畳割りの場合は京間の畳は6.3尺×3.15尺を基準としている。

※試験の場合は、構造体の柱割が6尺を1間とする関東間でOK。

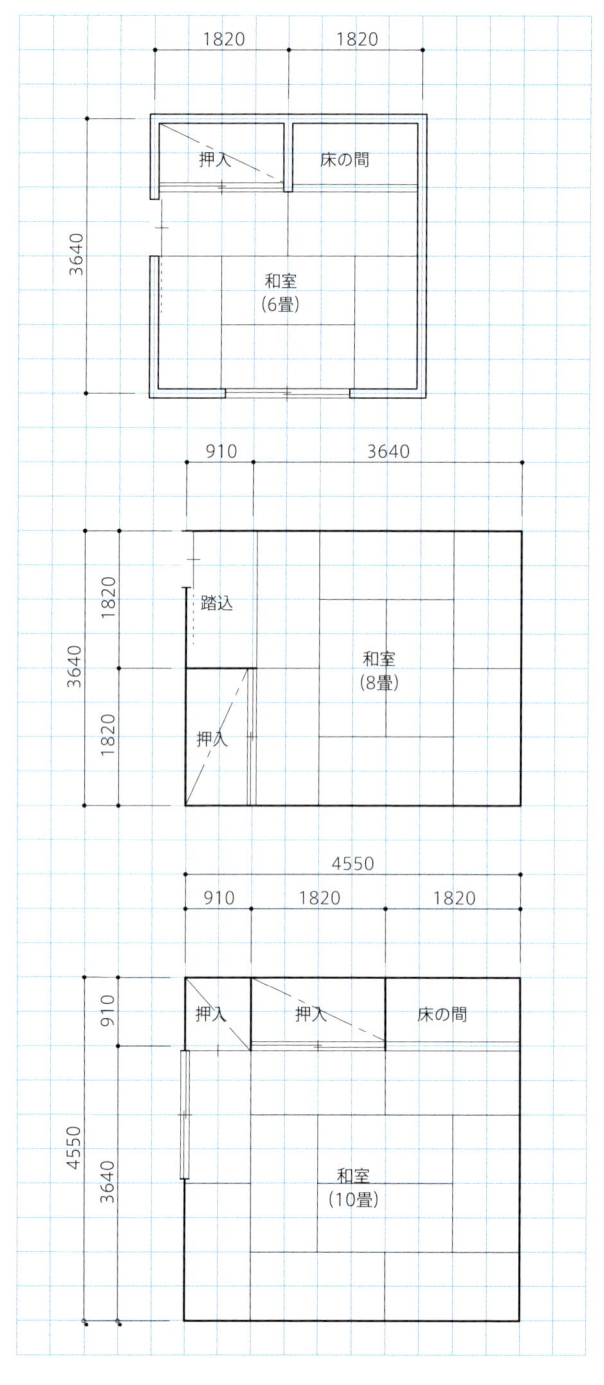

和室（6畳）　1820×1820／3640

和室（8畳）　910＋3640／1820＋1820（踏込・押入）

和室（10畳）　910＋1820＋1820／910＋3640（押入・押入・床の間）

※床の間・押入れ・踏込がある場合は、それに平行に畳を敷き込む。

## II-1 木造住宅編

### 10 洗面・脱衣室

**ツール（設備）**
洗面台・洗濯機など…図示
タオル掛・タオル下着収納棚・手摺・換気扇など
※浴室や台所との動線に配慮して計画する。外気に面することが望ましい。また、身障者・高齢者がいる場合は引き戸とする。

**広さ（2畳〜4畳）**
洗面化粧台と洗濯機だけであれば1820mm×1820mm程度でよいが、収納などを考えるともう少し長さを必要とする。

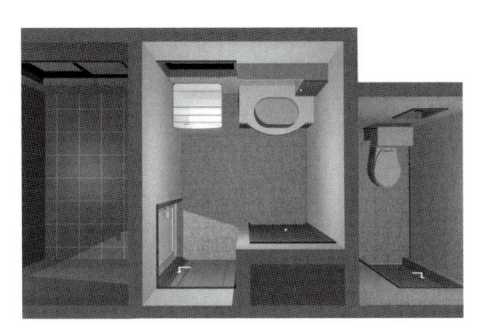

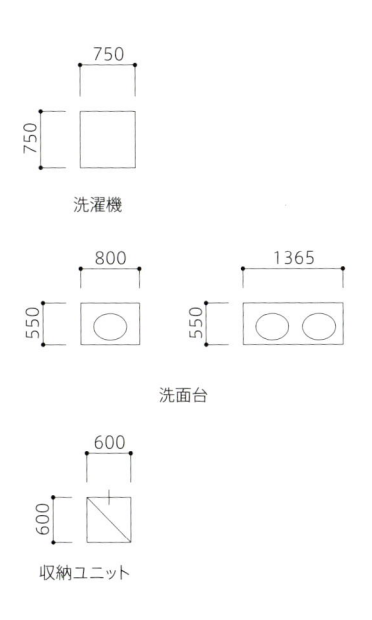

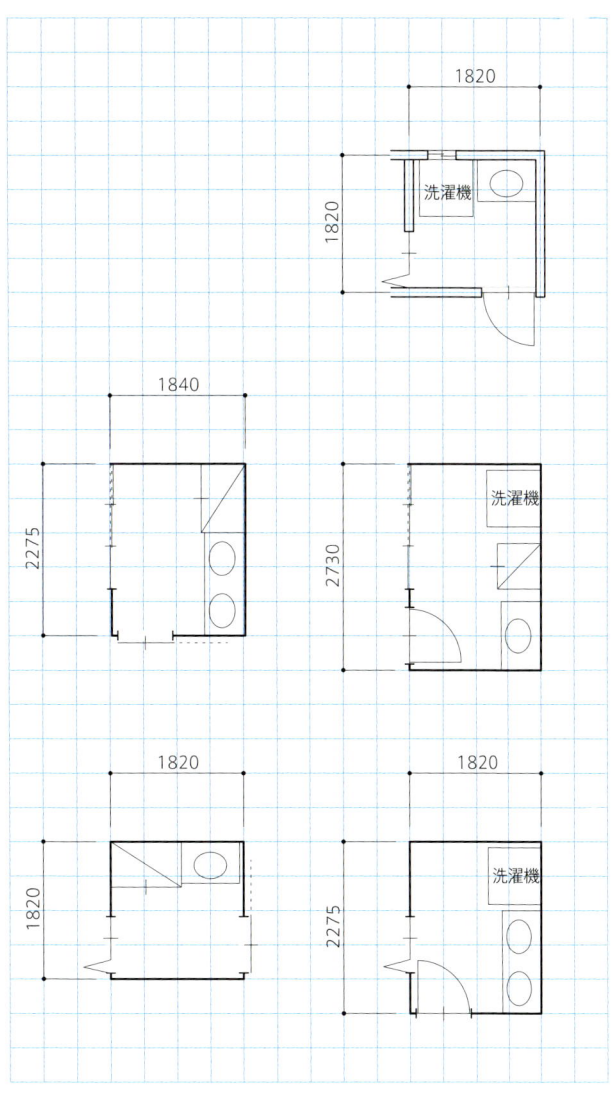

### 空間のツール

- 洗濯機 750 × 750
- 洗面台 800 × 550 / 1365 × 550
- 収納ユニット 600 × 600

## 11 浴室

**ツール（設備）**
浴槽など…図示
シャワー・イス・手摺・換気扇など
※高齢者室や玄関との動線に配慮して計画する。外気に面することが望ましい。また、身障者・高齢者がいる場合は引き戸とする。

**広さ（2畳〜3畳）**
浴槽が800mm×1400mm程度、洗い場を1畳程度とすれば、1820mm×1820mm程度でよいが、ゆとりを持った洗い場が欲しければもう少し広さが必要となる。
※近年はユニットバスが多くなっていて、2階に浴室を設ける場合もある。

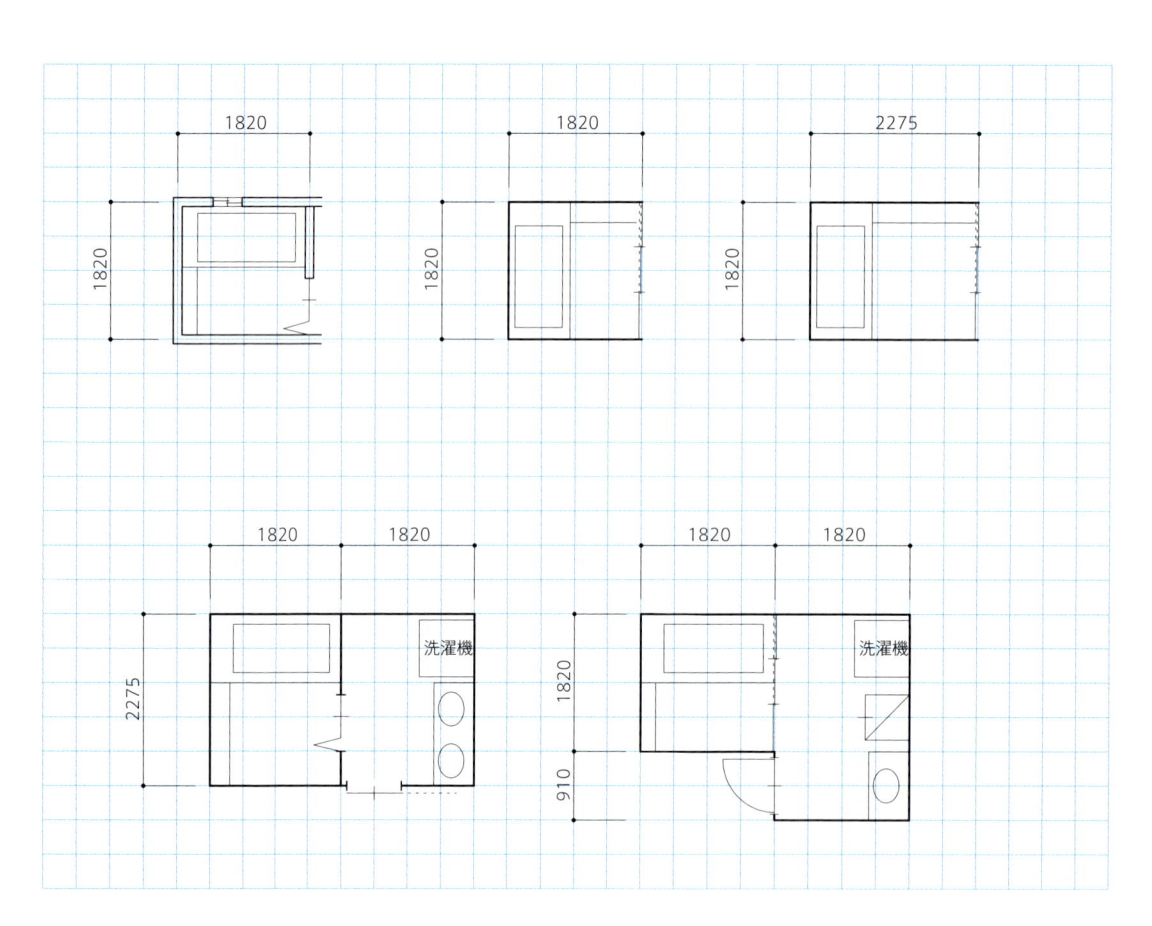

### 空間のツール

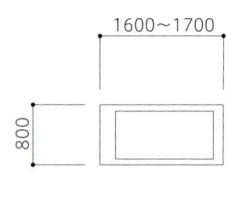

浴槽

## II-1　木造住宅編

# 12 便所

### ツール（設備）
洋風便器など…図示
紙巻器・タオル掛・手摺・換気扇・手洗い器など
※洗面脱衣室・玄関・高齢者室との動線に配慮して計画する。外気に面することが望ましい。また、身障者・高齢者がいる場合は引き戸とする。

### 広さ（1畳〜2畳）
洋風便器の設置だけであれば910mm×1365mm程度あれば使用できるが、910mm×1820mmあるいは小型の手洗い器を設置して1365mm×1820mmの広さが好ましい。また、高齢者・身障者が利用したり介護スペースを設ける場合、または化粧室替わりに使用して手洗い器などを設ける場合は1820mm×1820mm程度必要である。

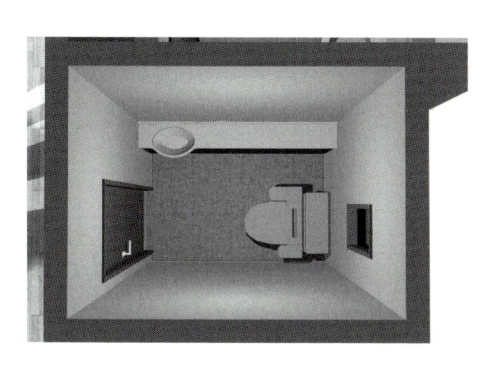

## 空間のツール

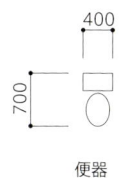

便器　400 × 700

埋込手洗器　300 × 150

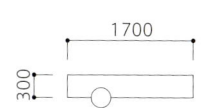

カウンター手洗器　1700 × 300

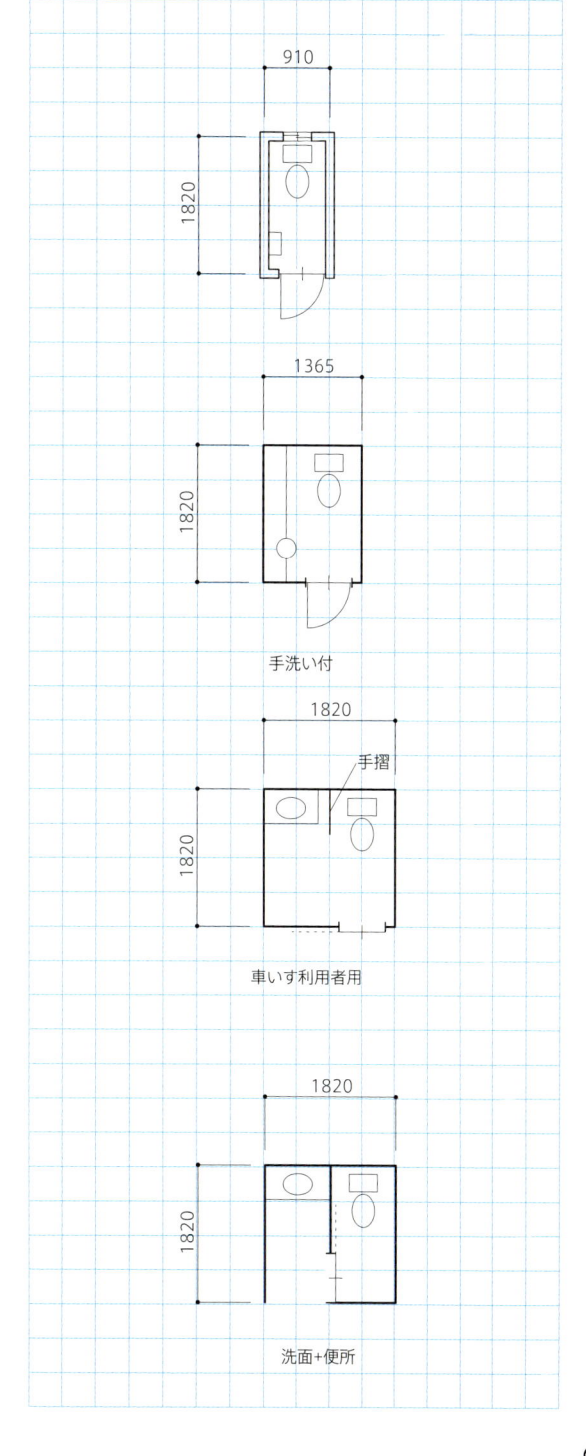

910 × 1820

1365 × 1820　手洗い付

1820 × 1820　手摺　車いす利用者用

1820 × 1820　洗面＋便所

## 13 ユーティリティ

### ツール（設備）
アイロン台・作業台・収納・洗濯機・乾燥機・多機能流しなど
※家事コーナーとも呼ばれ、簡単なものは台所脇や食堂脇に併設される。台所や廊下などの動線に配慮して計画する。食品庫や選択スペースを兼ねて計画する場合は勝手口を設けると使いやすい。

### 広さ（2畳〜4.5畳）
使用目的によるが、単独のスペースとして設ける場合は、1820mm×2730mm程度あればよい。
※場合によっては台所や食事室脇に、1800mm程のカウンター1枚でもアイロン掛けなどの軽作業に使用したり応用ができる。

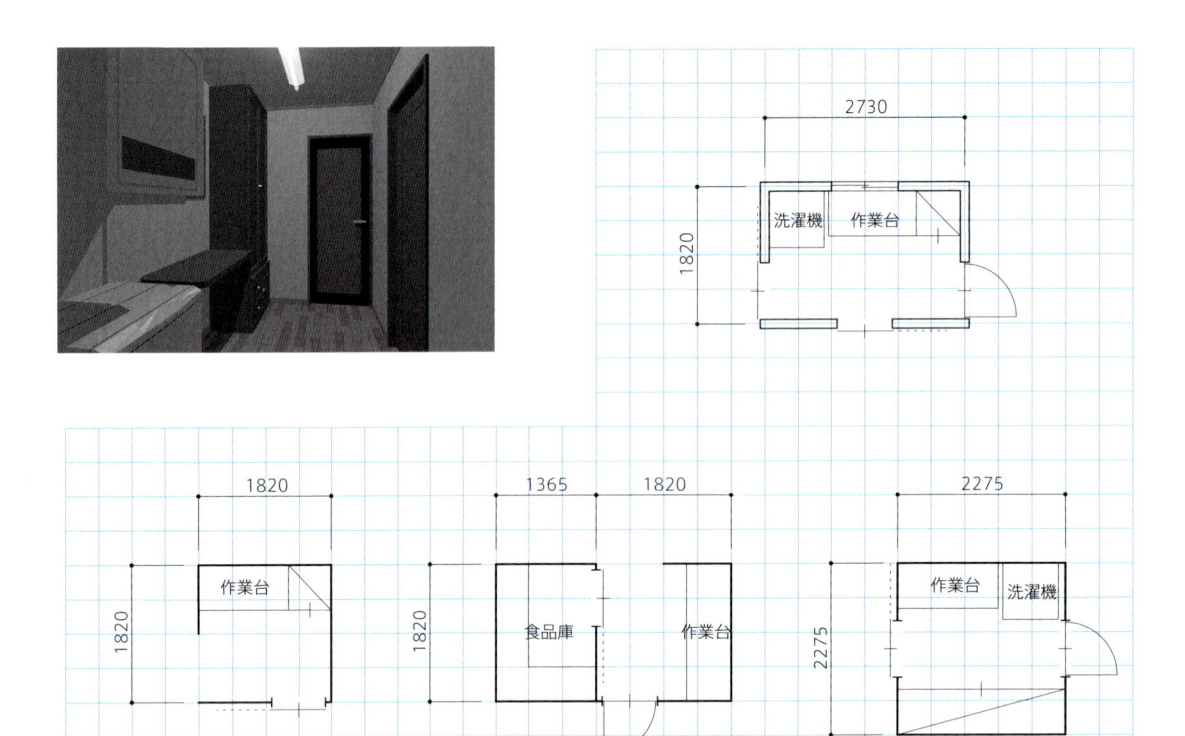

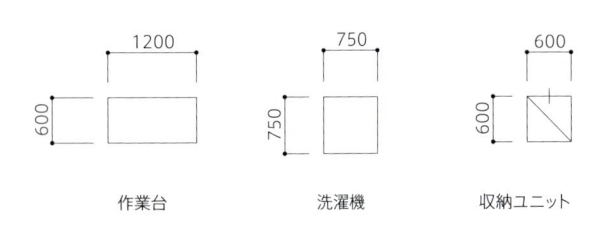

### 空間のツール

作業台　1200×600
洗濯機　750×750
収納ユニット　600×600

II-1　木造住宅編

## 14 収納

**ツール（設備）**
納戸・物入・押入・ウォークインクローゼット（W.I.C）・シューズインクローゼット（S.I.C）・パントリーなど
※特にS.I.Cは動線に配慮して計画する。必要に応じて換気設備を設ける。

**広さ（1畳～4畳～6畳）**
収納目的により異なる。
物入は幅910mm程度、奥行きは600mm程度からで、幅より奥行きが深いと使いづらい。
押入は幅910mm程度からであるが、布団を入れる場合は幅1365mm程度以上で、奥行き910mm程度必要である。
納戸・W.I.C・S.I.C・パントリーは人が内部に入るため、1365mm×1820mm以上で計画したい。

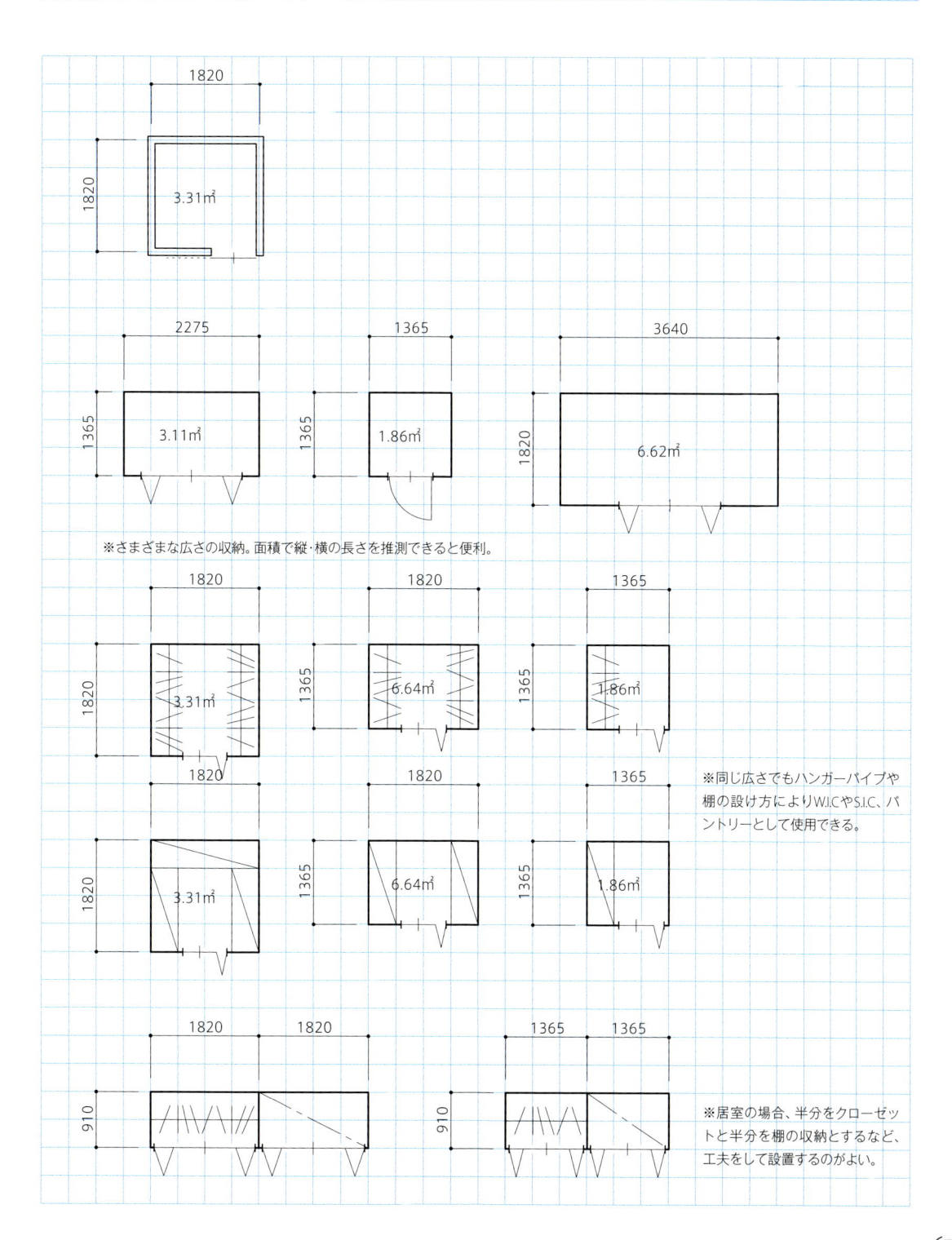

※さまざまな広さの収納。面積で縦・横の長さを推測できると便利。

※同じ広さでもハンガーパイプや棚の設け方によりW.I.CやS.I.C、パントリーとして使用できる。

※居室の場合、半分をクローゼットと半分を棚の収納とするなど、工夫をして設置するのがよい。

## 15 階段

II-1 木造住宅編

### ツール（設備）
手摺…図示
※玄関との位置関係や通風や日照に配慮して計画する。
危険防止のため、直階段は避けるようにしたい。

### 広さ（2畳～4.5畳）
幅は最低でも心々910mm必要である。1200mm確保できれば手摺が付いてもゆったり使用できる。踏面は910mmの1/4程度、蹴上は200mm程度で計画したい（断面・矩計と照らし合わせて段数を検討する。階高÷蹴上＝段数）。

※1階の階段は不連続線により切断され、階段不利用部分を表記する場合が多いので、表現に注意する。
※1階・2階とも上り方向を表す矢印は記入する（UP・DWの文字の記入はなくてもよい）。

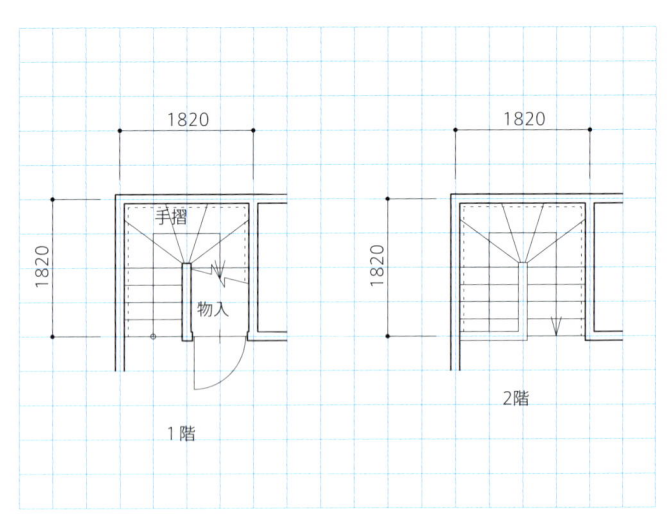

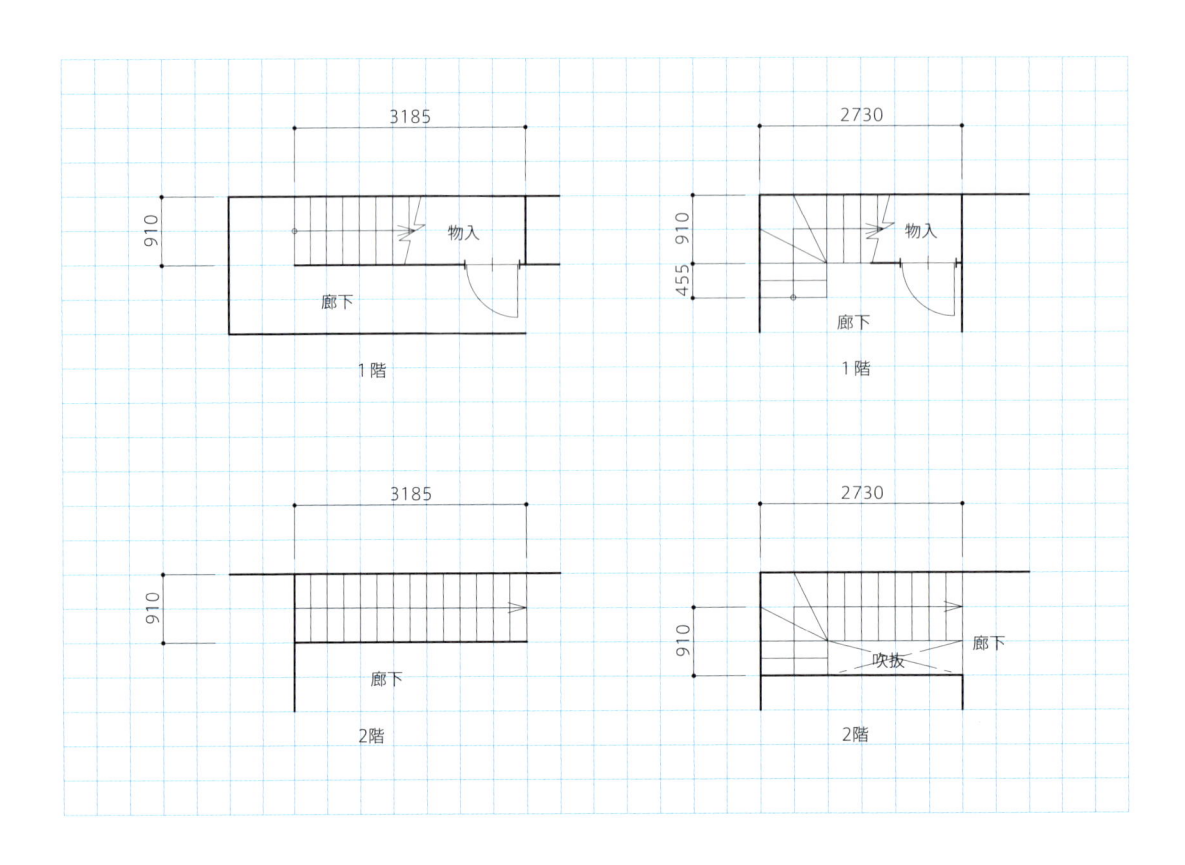

## II-1　木造住宅編

### 16 外部施設

**ツール（設備）**
駐車スペース・駐輪スペース・スロープなど…図示（駐車スペースと車の表示に注意）
※前面道路と玄関アプローチなどの動線に配慮した計画とする。

**広さ**
駐車スペースは2730mm×5460mm以上確保、また車椅子使用の場合は幅を3640mm以上確保し、敷地内で玄関に至る経路を確保する。
駐輪スペースは600mm×1820mmを目安とし、通路に配慮して計画する。
スロープ幅は910mm以上で、勾配は1/15程度とする。

### 空間のツール

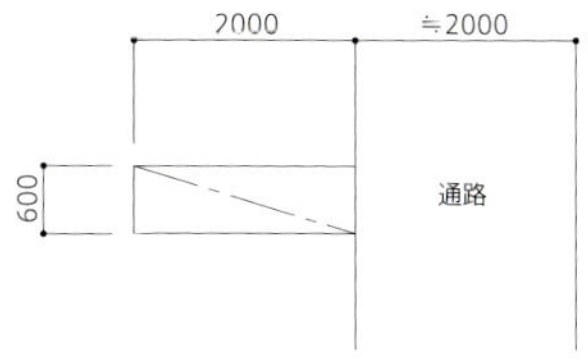

駐輪スペース

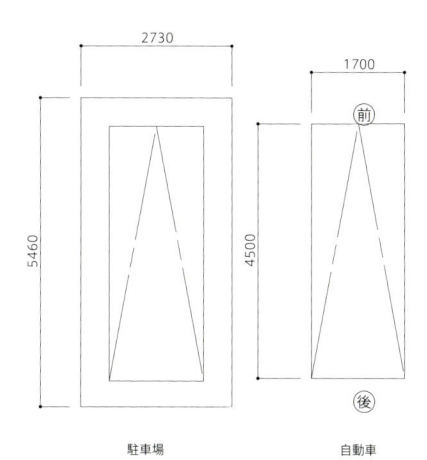

駐車場　　自動車

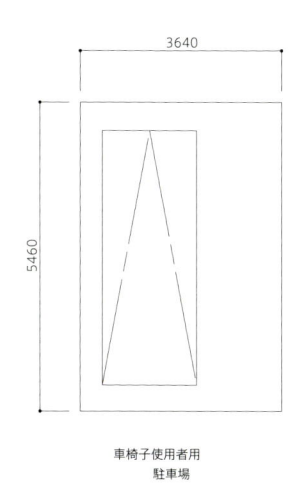

車椅子使用者用駐車場

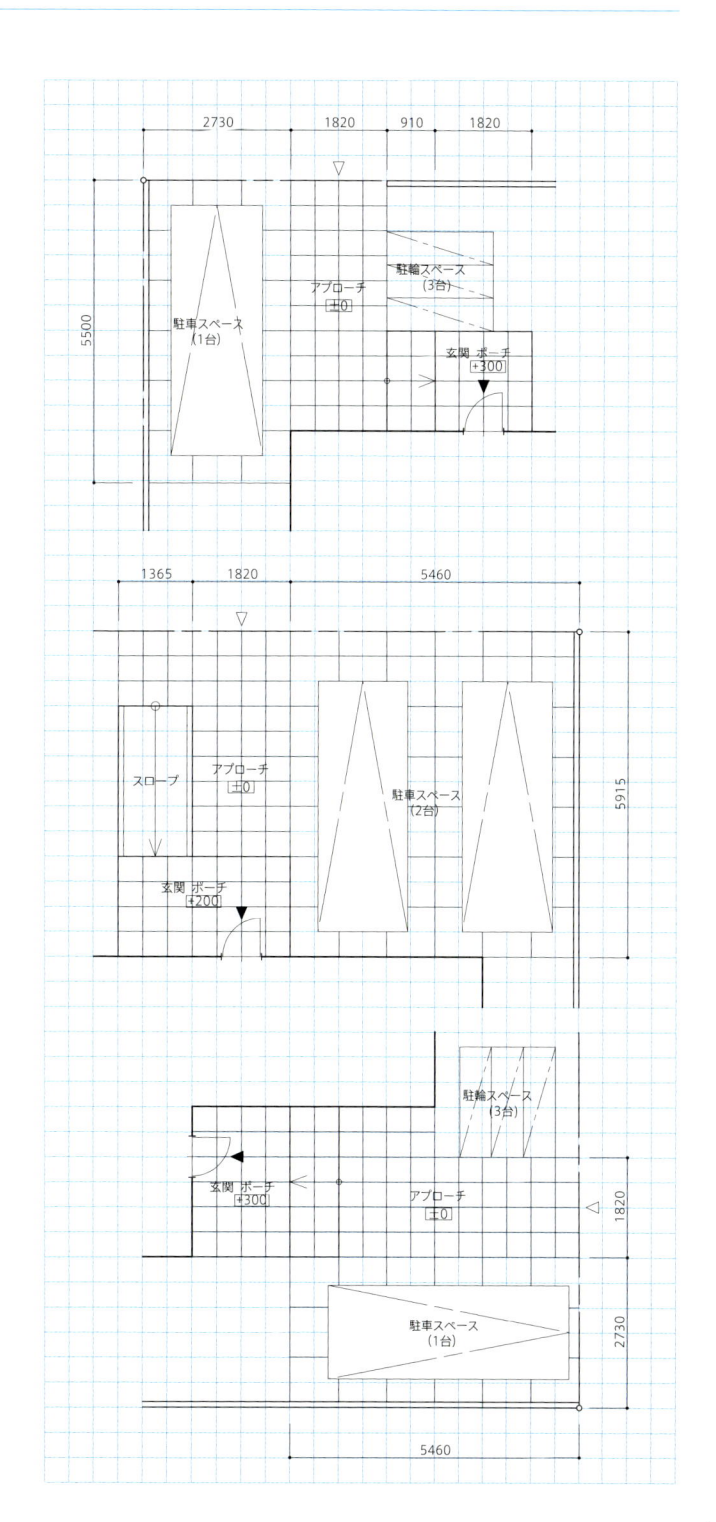

## 1 玄関ホール

**ツール（設備）**
掲示板・傘立て・吹き抜けなど
※管理事務所・ＥＶ・階段との位置関係に注意して計画する。特に受付を設ける場合は必ず見渡せる位置に計画する。

**広さ（10m$^2$～20m$^2$）**
出来るだけ1スパンで計画したいが、やむを得ない場合はなるべく間口を広く計画する。また、待合や掲示板などを設けることもあり、開放的な空間になるように計画する。

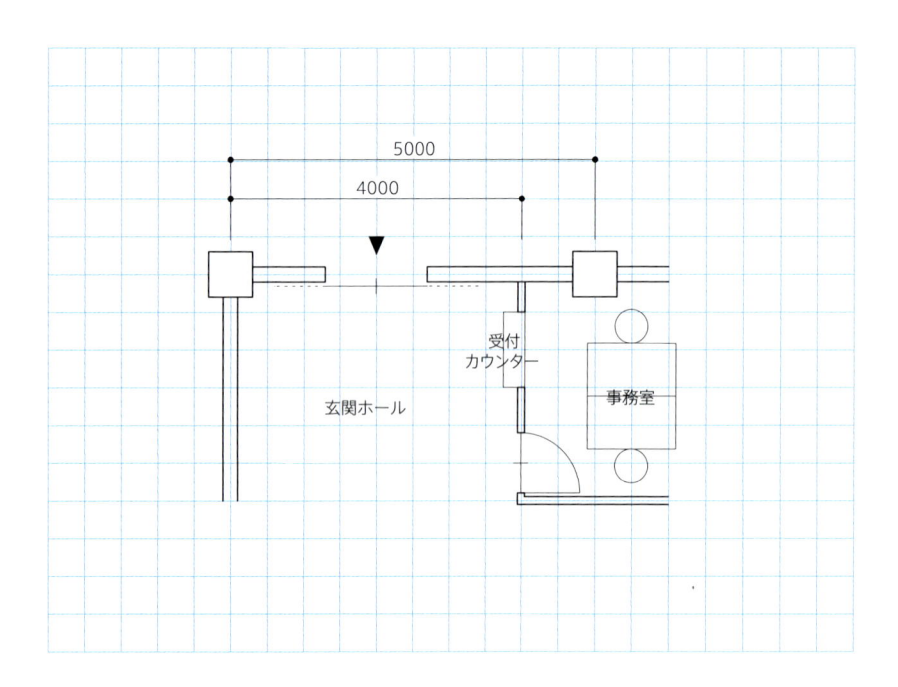

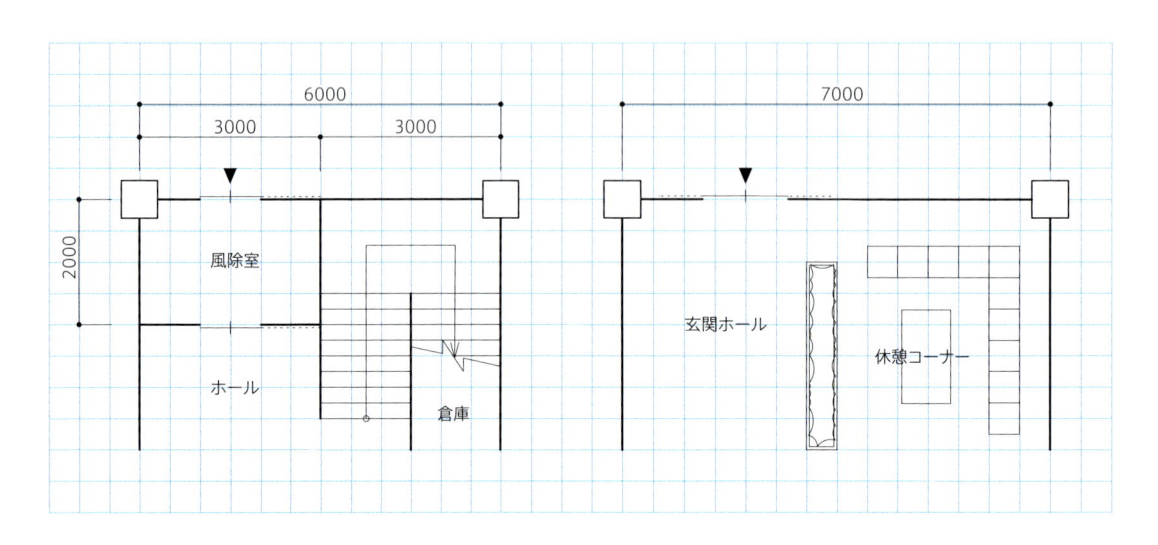

## II-2　RC造編

### 2　会議室

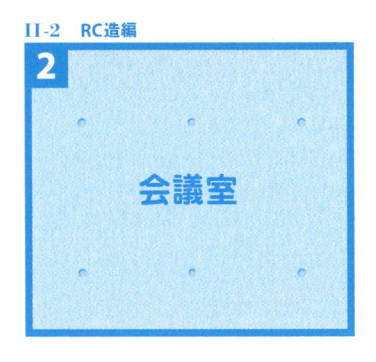

**ツール（設備）**
会議用テーブル・イス…図示

**広さ（10m² ～ 20m² ～ 30m²）**
会議テーブルやイスを設置した場合、そのまわりに十分な動線が確保できる計画とする。

### 空間のツール

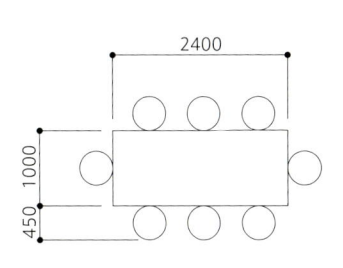

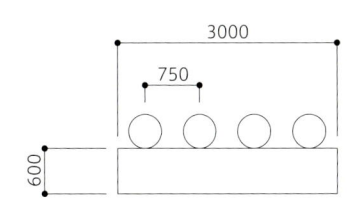

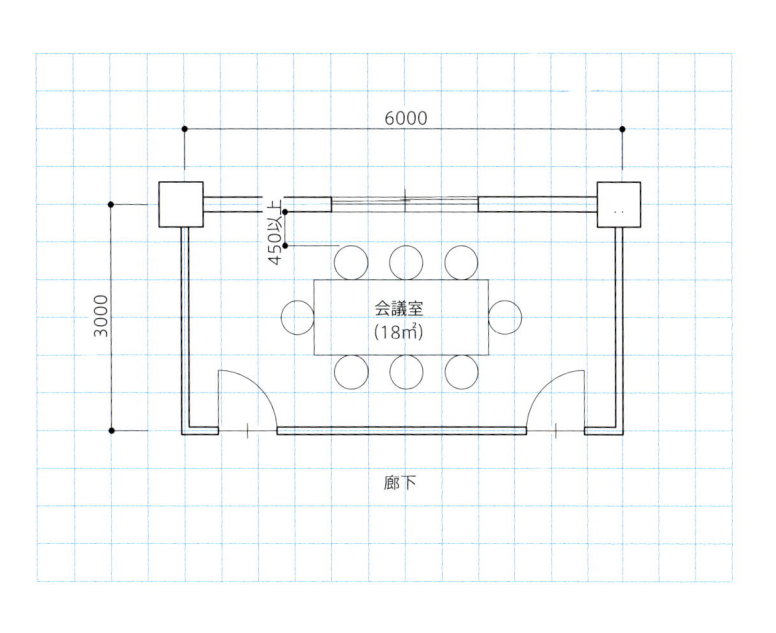

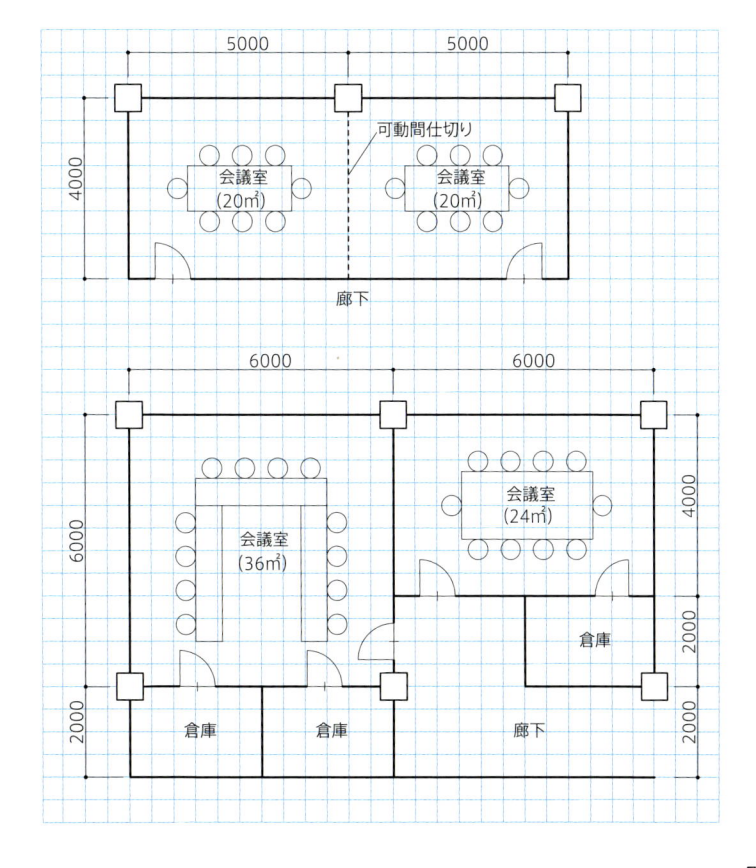

## 3 和室

**ツール（設備）**
畳・押入れ…図示

**広さ**
スパンの中で、押入れと畳をいかに収めるか がポイントになる。
畳は同じ方向に敷いても構わない。

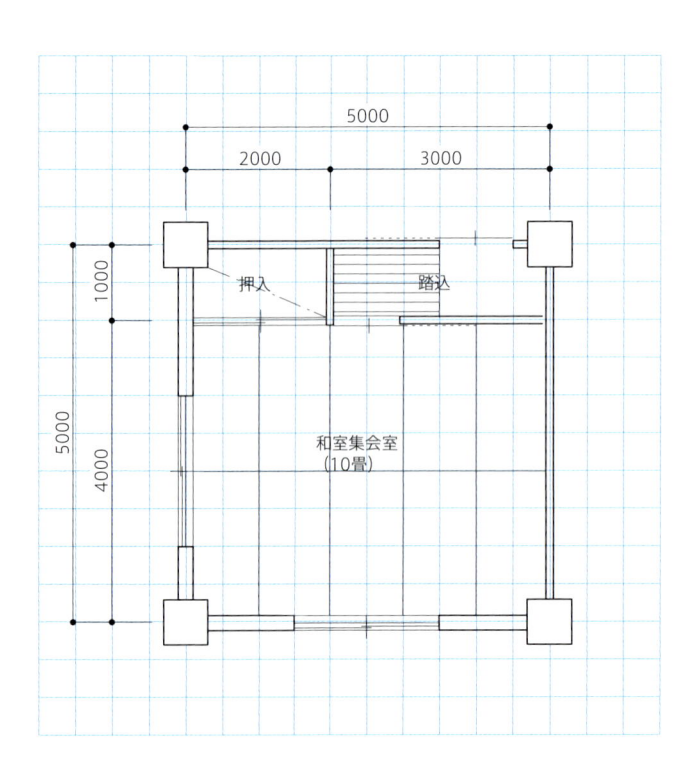

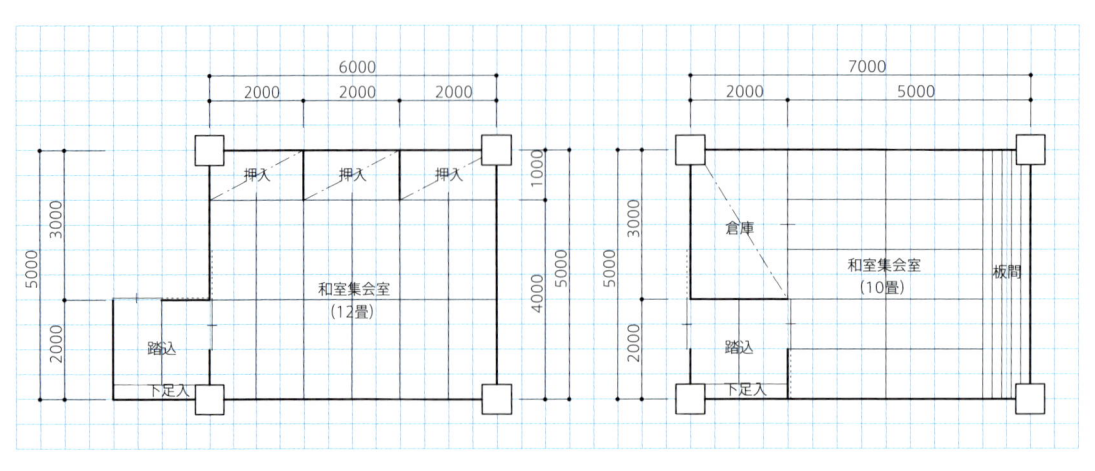

II-2　RC造編

## 4 便所

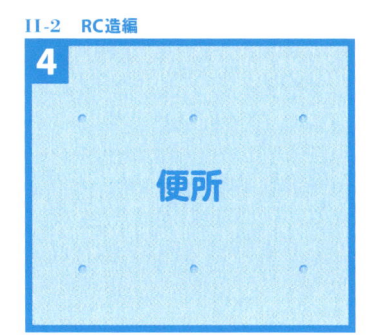

**ツール（設備）**
洋風便器…図示
紙巻器・手摺・手洗い器・換気扇など
※小規模公共建築の場合は男女を分けて計画し、トイレブースを複数設置する場合は、トイレブーススペースと手洗いスペースが必要であり、物入れも計画する。

**広さ**
一般の大便器ブースは1500mm×2000mm程度確保しておけばよい。奥行きが2500mm以上あると使いにくい。
また誰でもトイレの場合は2000mm×2000mm以上とし、出入口は引き戸とする。

### 空間のツール

トイレブース

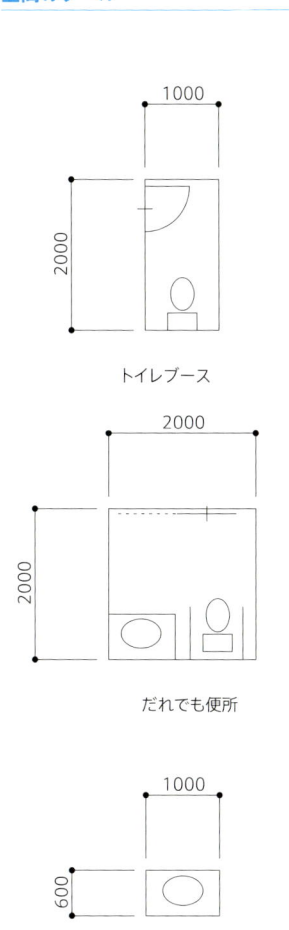

だれでも便所

手洗器

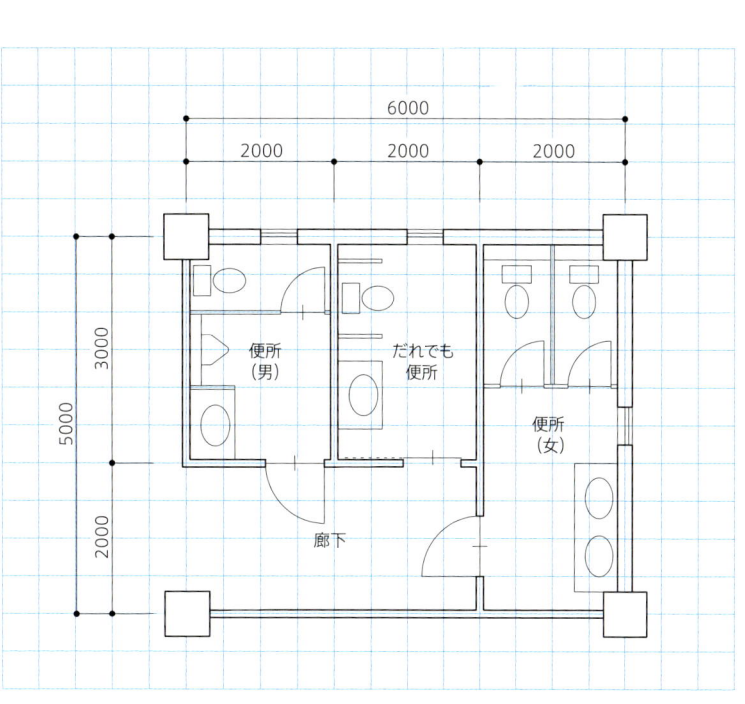

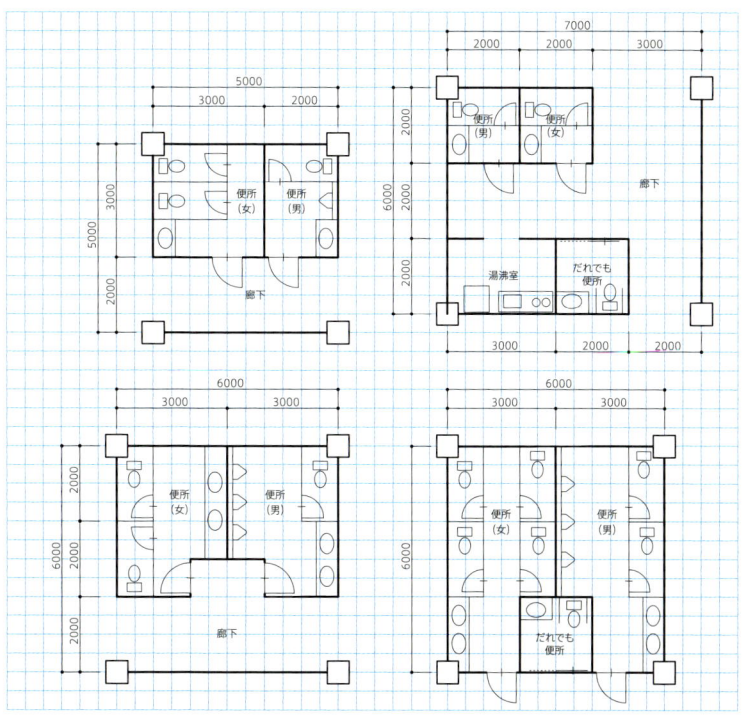

※構造スパンの中で、廊下とセットにしたりしてうまくまとめられるかがポイントとなる。

## 5 階段・EV タイプ1

### ツール（設備）
手摺…図示
※エントランスやEVとの位置関係に配慮して計画する。
危険防止のため、直階段は避けるようにしたいが、やむを得ない場合には中間地点に踊り場を設ける。

### 広さ
幅は最低でも心々1000mm程度必要である。階段が梁に面する場合は、幅員を注意して計画する。EVシャフト内は乗用9人乗りで1800mm×1800mm程度確保しておけばよい。
外壁や主要な壁に面している場合は梁に注意をして計画する必要があり、また、柱脇に計画する場合も同様である。

### 空間のツール

エレベーター

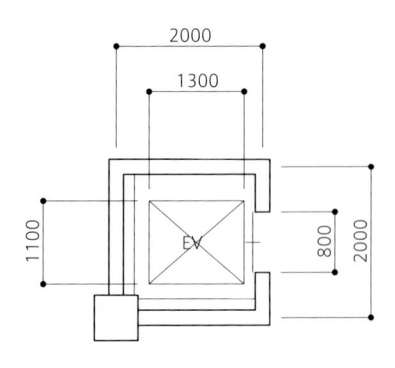

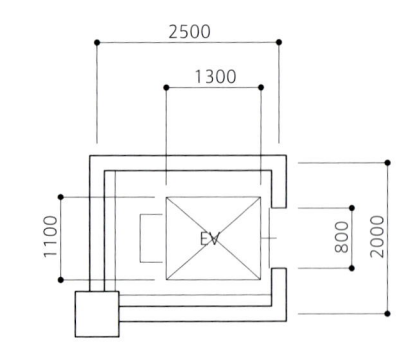

階段

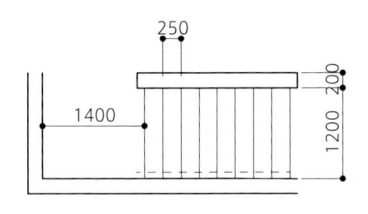

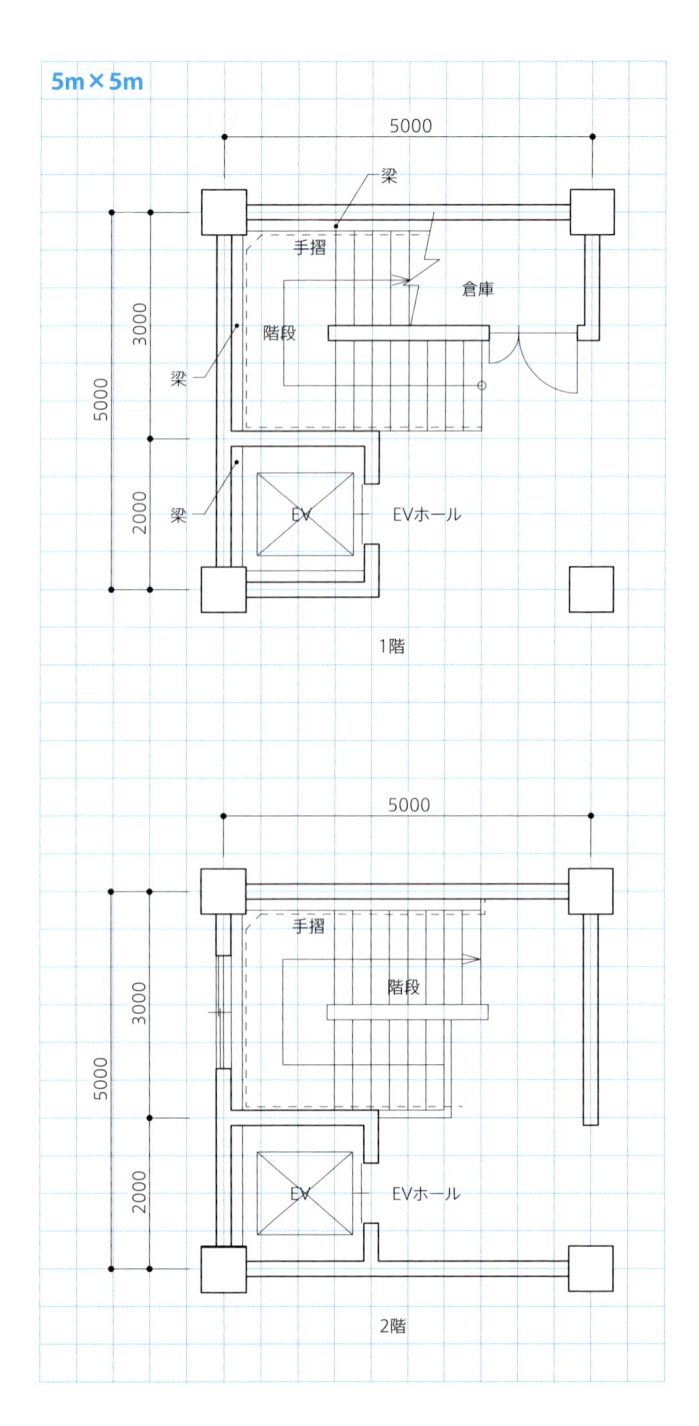

5m×5m

1階

2階

## II-2 RC造編

### 6 階段・EV タイプ2、3

**タイプについて**
タイプ1（74頁）は5m×5m、タイプ2は5m×6m、タイプ3は5m×7mのスパンに納める例。

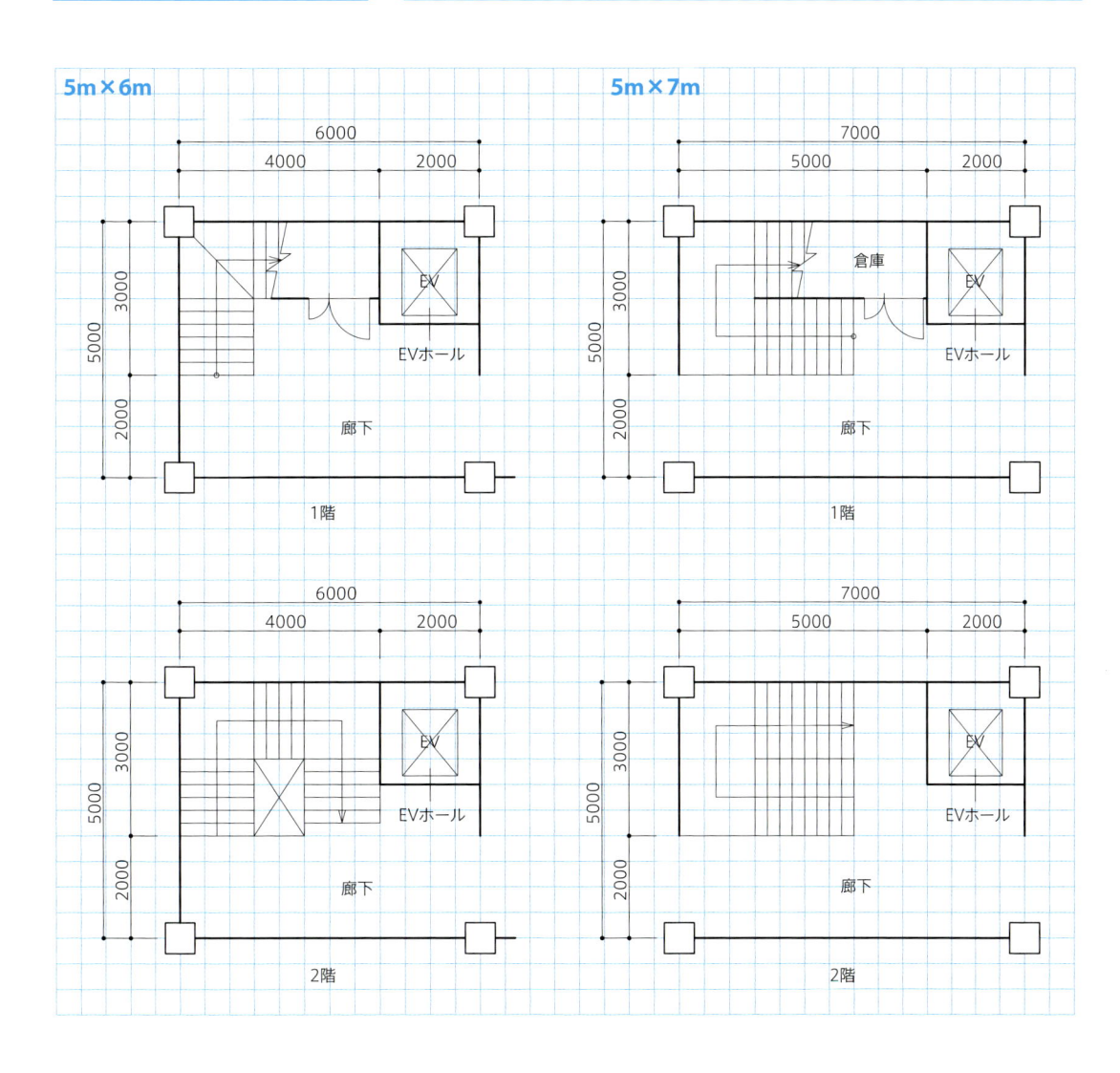

5m×6m

1階

2階

5m×7m

1階

2階

## II-2 RC造編

### 7 階段・EV タイプ4、5

**タイプについて**
タイプ4は6m×6m、タイプ5は6m×7mのスパンに納める例。

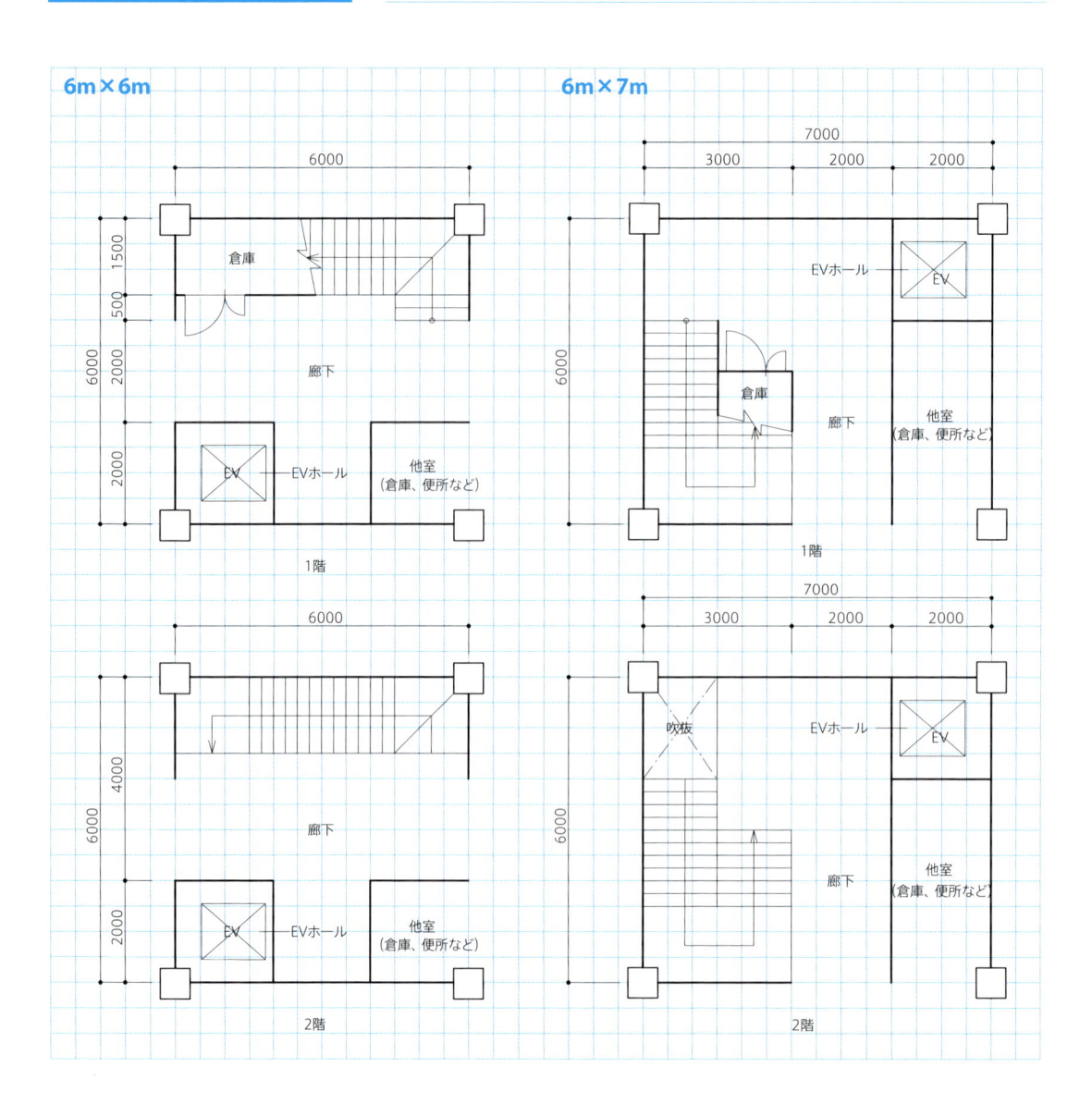

**6m×6m**

1階 / 2階

**6m×7m**

1階 / 2階

## 8 階段・EV タイプ6

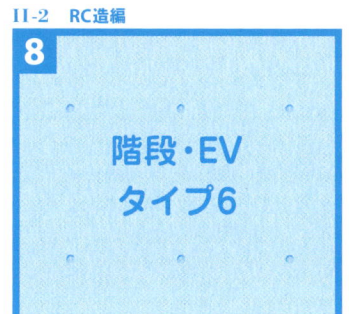

**タイプについて**
タイプ6は7m×7mのスパンに納める例。

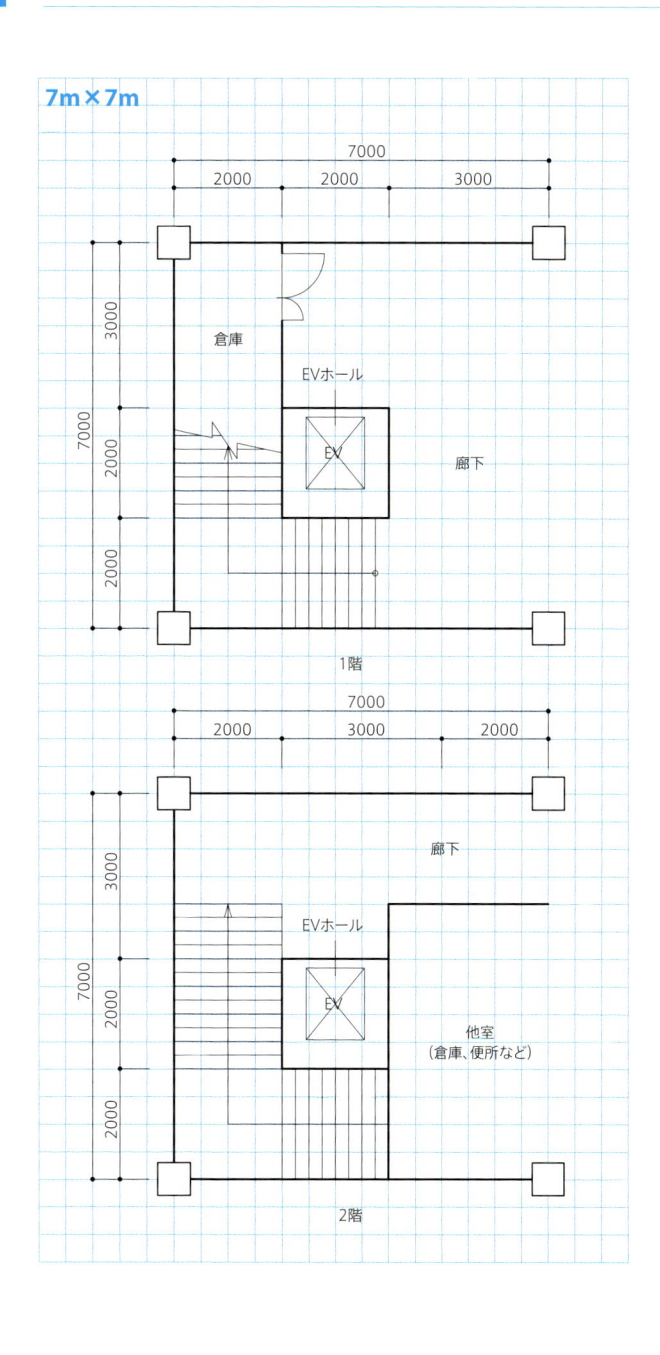

7m×7m

1階

2階

## 9 外部施設

**ツール設備**
駐車スペース・駐輪スペース・スロープなど…図示
※前面道路とアプローチなどの動線に配慮した計画とする。

**広さ**
駐車スペースは2500mm×5000mm以上確保、また車椅子使用の場合は幅を3500mm以上確保し、敷地内で玄関に至る経路を確保する。
自転車置き場は500mm×2000mmを目安とし、通路に配慮して計画する。
スロープ幅は1000mm以上で、勾配は1/15程度とする。

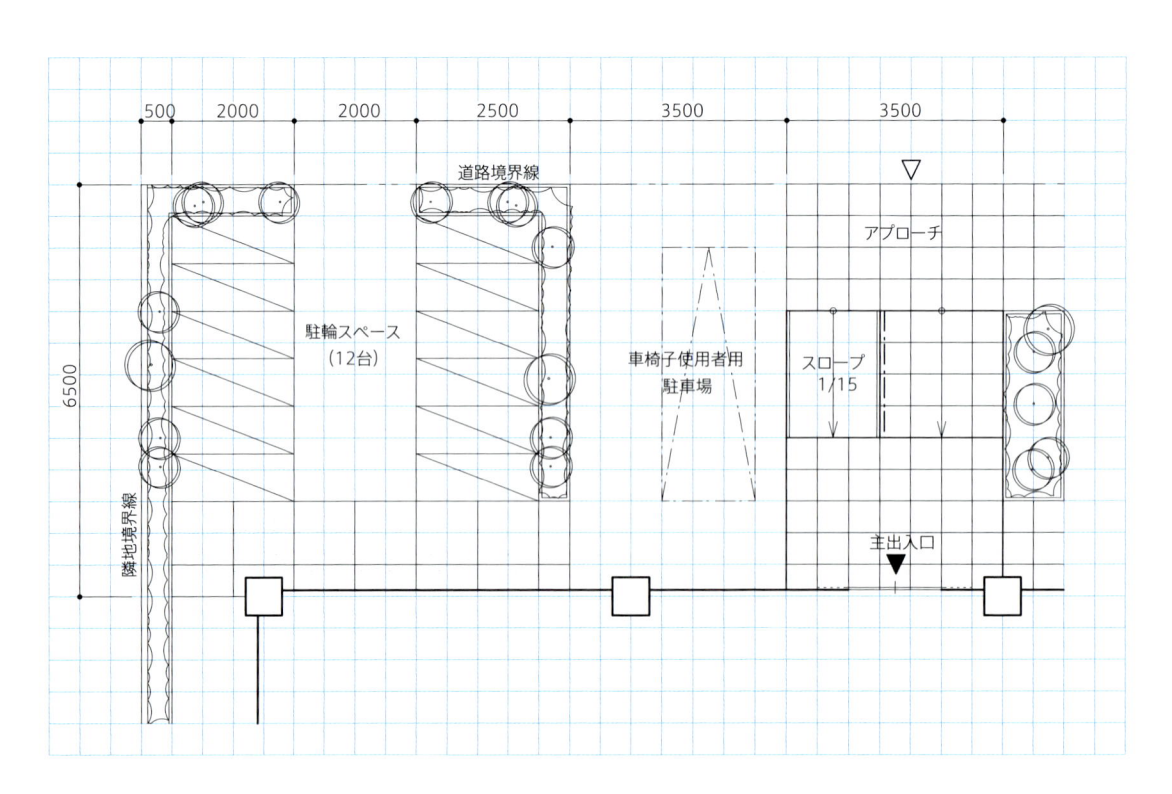

### 空間のツール

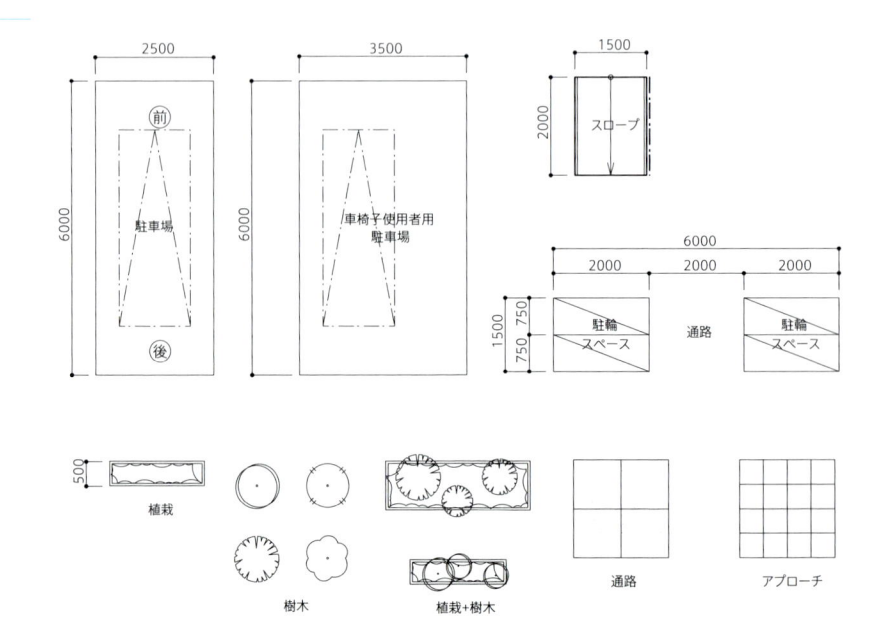

# III｜構造計画のポイント

# III 構造計画のポイント

## ❶ 木造のエスキースのポイント

### 木造の基本ルール

エスキースの際に設計課題の設計条件、要求室や配置、面積を満たしていても、構造計画が正しくなければ合格図面とはなりません。製図試験においては構造計算までは要求されませんが、常識的な木造の知識(ルール)を理解することが重要なポイントとなります。

木造についての基本ルールを解説いたします。

❶上下階の壁、柱の位置を一致させる

構造計画では屋根から建物本体、そして地盤までの力の流れ方を理解することが重要です。上下階の壁の位置(柱の位置)をできる限り一致させることで、構造として安定した計画となります。上下階の壁の位置がまったく違うと、構造として不安定だけでなく、床伏図も複雑で、試験時間内に作図を終えることが困難になるので、注意が必要です。

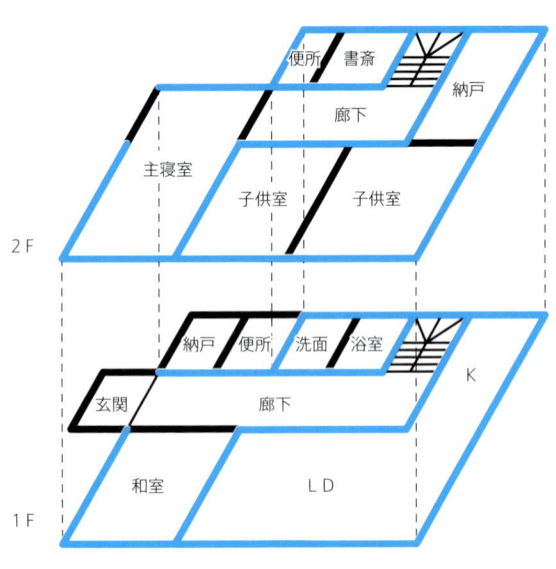

1階と2階の壁の位置に注意(青の部分は構造壁)

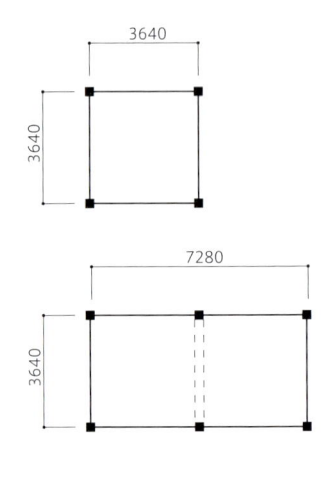

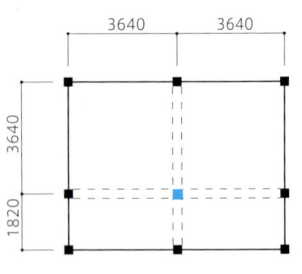

柱間(スパン)が3,640(2間)を超える場合には途中に柱を設ける。

❷木造では柱のスパンはおおむね3,640mmとする

設計実務においては梁のサイズを大きくすることで3,640nn以上の柱スパンを用いることもありますが、製図試験においてはできるかぎり最大柱スパンを3,640mm以内とし、梁のサイズ大きくし過ぎない計画とします。また、3,640mm以上のスパンとなる場合は3,640mm以内に柱を設け、無理のない構造計画とします(部分的に4,550mmのスパンがあってもよいが、梁のサイズに注意が必要となる)。

## ❷ 木造の軸組

### 軸組の主要名称

軸組とは、土台、柱、梁、桁、筋かいなどの「線材」から構成される壁体の骨組みをいいます。木造で求められるのは、下記に示す「在来木造」といわれるもので、910mmモジュールでつくられています。おおよその仕組みを理解し、図面表現とのつながりを理解することが重要となります。

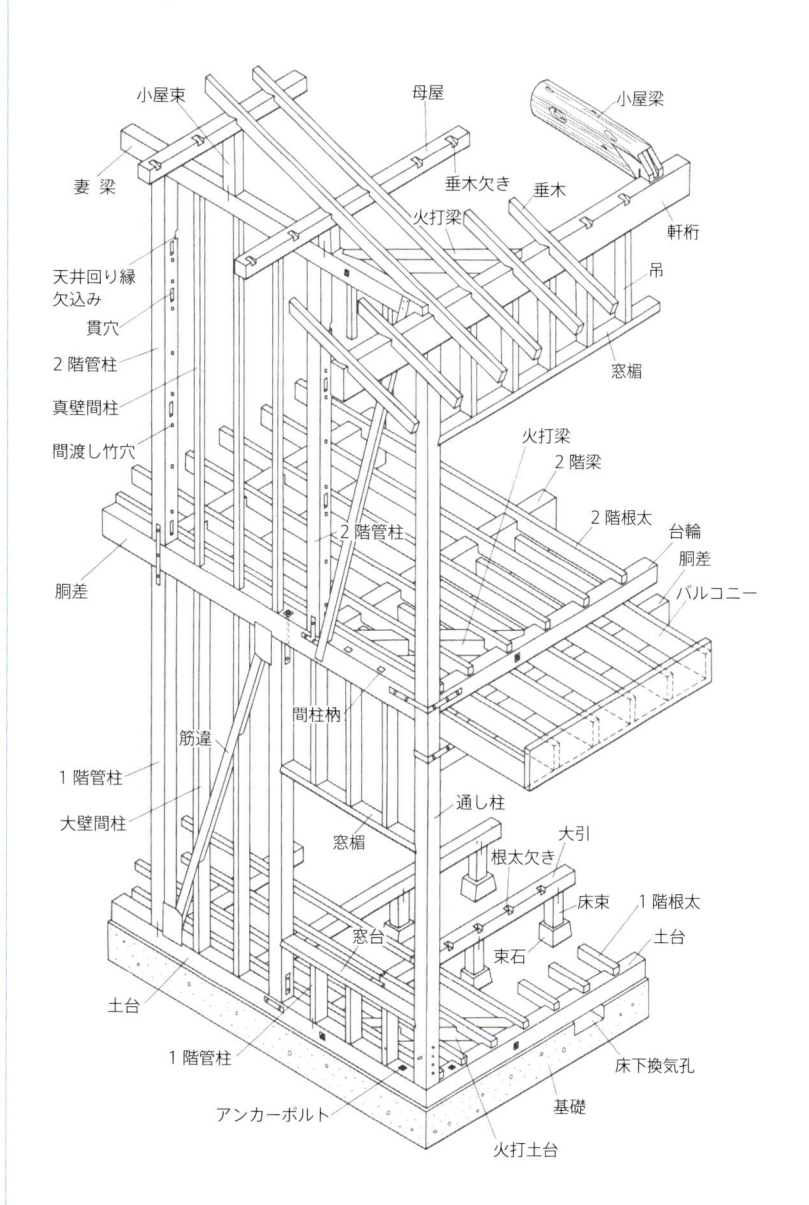

図は、木造で一般的な布基礎の例。1階と2階の根太の方向は合わせる。建物四隅は通し柱を用いるのが基本。要求図書で求められる「耐力壁」とは、筋かい等を設けた耐力上有効な壁をいう。筋かいは、図のように、四辺形に組まれた軸組に対角線状に入れた補助材で、風や地震などによる水平力に抵抗し、四辺形が菱形などに変形するのを防ぐ役割をはたす。

木造の一般的な軸組みの例

## ❸ 木造の耐力壁の長さと配置

**必要壁量の計算方法**
①地震力に対する必要壁量と風圧力に対する必要壁量を求める。
②地震力に対しては、各階の床面積に係数を掛ける。
③風圧力に対しては、各階の見付面積に0.5m/㎡の係数を掛ける。
④両者の数値の大きいほうに耐力壁を構成する部材の倍率で割った数値が耐力壁の壁量（壁長さ）となる。

なお、次頁は、例に挙げたⅠのタイプとⅡのタイプの求め方の説明である。

**配置上の注意**
①耐力壁の壁量（壁長さ）は各階のX面とY面それぞれの耐力壁長さの合計となるが、X面とY面ともに力を受ける面と耐力壁の配置は直交（90度違い）するので注意が必要である。
②耐力壁の配置については、平面形の四隅から 1/4の距離にある部分の壁量充足率と壁率比の関係があるので、つりあいよく耐力壁を配置する必要がある。

**キーポイント**
①原則として、四隅の0.91mは耐力壁とする。

②正方形に近いプランの場合は、1階の耐力壁長さは床面積×0.12以上とする。2階はその半分位で良い。

③横長のプランの場合は、1階の耐力壁の短辺方向の長さは床面積×0.15以上とする。2階はその半分位で良い。

④その他の壁は間仕切壁扱いとなる。

### 耐力壁とは

耐力壁とは、主に水平力といわれる地震力と風圧力に耐える壁で、設計する際には、必要な壁量を確保することが求められます。

耐力壁とは、筋かいを入れた壁や構造用合板を張った壁のことで、建築基準法でさまざまな「壁倍率」が定められています。

ここでは、「耐力壁Aタイプ」(構造用合板7.5mm以上。実務上は9mmを使用することが多い。：壁倍率2.5)を主に解説し、併せて、「耐力壁Bタイプ」(構造用合板7.5mm以上＋筋かい30×90：壁倍率4.0)にふれることにします。

### 耐力壁を決めるキーポイント

1階と2階の床面積が約100m²の「Ⅰ 正方形に近いプラン」と「Ⅱ 横長のプラン」を例に取り上げます。

両方ともに耐力壁をバランスよく配置し、四隅の0.91mを耐力壁で固めています(壁量充足率と壁率比の関係)。

耐力壁の長さを求める際の略算としては、Ⅰのタイプでは、「床面積×0.12m/m²以上」として、2階の耐力壁はその半分としています。Ⅱのタイプでは、長辺を受ける耐力壁の短辺方向については「床面積×0.15 m/m²以上」として、2階の耐力壁はその半分としています(耐力壁の長辺方向は壁面積が大きいので、0.12の係数を用います)。なお、1階の耐力壁長さがやや不足気味となった場合には、耐力壁部分の凡例を「耐力壁Bタイプ」として、構造用合板と筋かいを併用する解決策もあります。

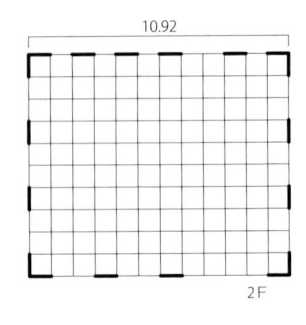

**Ⅰ 正方形に近いプラン**
1階X面　99.37m²×0.12m/m²÷0.91m＝14マス以上　　2階X面　14マスの半分、7マス以上
1階Y面　〃　　　　　　　　　　　　　　　　　2階Y面　〃

**Ⅱ 横長のプラン**
1階X面　99.37m²×0.15m/m²÷0.91m＝17マス以上※　2階X面　17マスの半分、9マス以上
1階Y面　99.37m²×0.12m/m²÷0.91m＝14マス以上　　2階Y面　14マスの半分、7マス以上

※耐力壁は何割か増やしてもよい。

# 壁倍率を用いた耐力壁長さの計算

前頁で解説したように、耐力壁の長さの目安を求める際には、地震力と風圧力を比較して、大きい数値と壁倍率をもとに求めます。その計算の方法を下記に示します。Ⅰの場合は、床面積から算出した数値がいずれも大きく、Ⅱの場合は見付面積から算出した数値のほうがX面(長辺)で大きくなります。これは、見付面積の大きい長辺(耐力壁は短辺方向)は、風の影響が大きいからです。

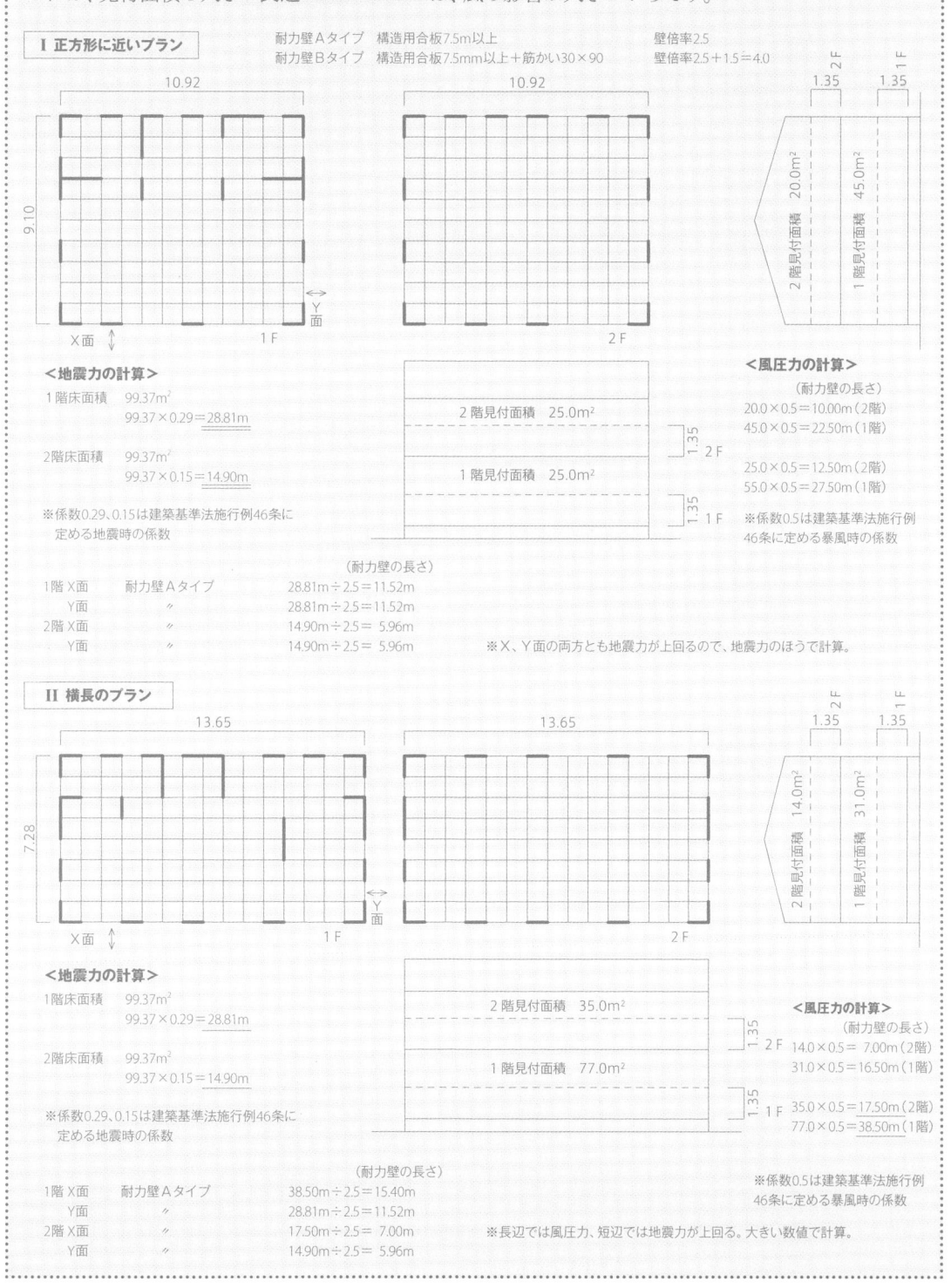

## Ⅰ 正方形に近いプラン

耐力壁Aタイプ　構造用合板7.5以上　　　壁倍率2.5
耐力壁Bタイプ　構造用合板7.5mm以上＋筋かい30×90　壁倍率2.5＋1.5＝4.0

2階見付面積　20.0m²
1階見付面積　45.0m²

2階見付面積　25.0m²
1階見付面積　25.0m²

### ＜地震力の計算＞

1階床面積　99.37m²
　　　　　99.37×0.29＝28.81m

2階床面積　99.37m²
　　　　　99.37×0.15＝14.90m

※係数0.29、0.15は建築基準法施行令46条に定める地震時の係数

### ＜風圧力の計算＞

(耐力壁の長さ)
20.0×0.5＝10.00m(2階)
45.0×0.5＝22.50m(1階)

25.0×0.5＝12.50m(2階)
55.0×0.5＝27.50m(1階)

※係数0.5は建築基準法施行令46条に定める暴風時の係数

(耐力壁の長さ)
| | | |
|---|---|---|
|1階 X面|耐力壁Aタイプ|28.81m÷2.5＝11.52m|
|　Y面|〃|28.81m÷2.5＝11.52m|
|2階 X面|〃|14.90m÷2.5＝5.96m|
|　Y面|〃|14.90m÷2.5＝5.96m|

※X、Y面の両方とも地震力が上回るので、地震力のほうで計算。

## Ⅱ 横長のプラン

2階見付面積　14.0m²
1階見付面積　31.0m²

2階見付面積　35.0m²
1階見付面積　77.0m²

### ＜地震力の計算＞

1階床面積　99.37m²
　　　　　99.37×0.29＝28.81m

2階床面積　99.37m²
　　　　　99.37×0.15＝14.90m

※係数0.29、0.15は建築基準法施行令46条に定める地震時の係数

### ＜風圧力の計算＞

(耐力壁の長さ)
14.0×0.5＝7.00m(2階)
31.0×0.5＝16.50m(1階)

35.0×0.5＝17.50m(2階)
77.0×0.5＝38.50m(1階)

※係数0.5は建築基準法施行令46条に定める暴風時の係数

(耐力壁の長さ)
| | | |
|---|---|---|
|1階 X面|耐力壁Aタイプ|38.50m÷2.5＝15.40m|
|　Y面|〃|28.81m÷2.5＝11.52m|
|2階 X面|〃|17.50m÷2.5＝7.00m|
|　Y面|〃|14.90m÷2.5＝5.96m|

※長辺では風圧力、短辺では地震力が上回る。大きい数値で計算。

## ❹ 木造の基礎

建築基準法施行令により、GLより1階床高は450mm以上が必要となります。そのため、下記の布基礎の例では、床高が500mmとなっています。

ただし、床下をコンクリートや防湿フィルムなどの湿気対策を施すことで床高を下げることができます。その例を示したのが、ベタ基礎①です。

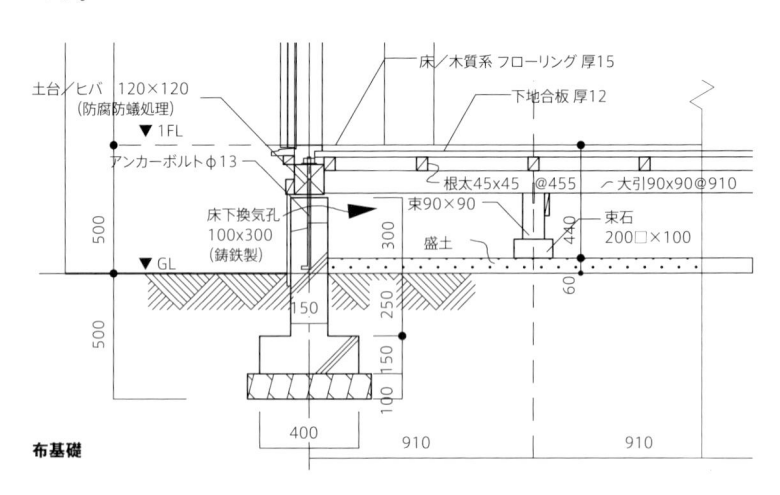

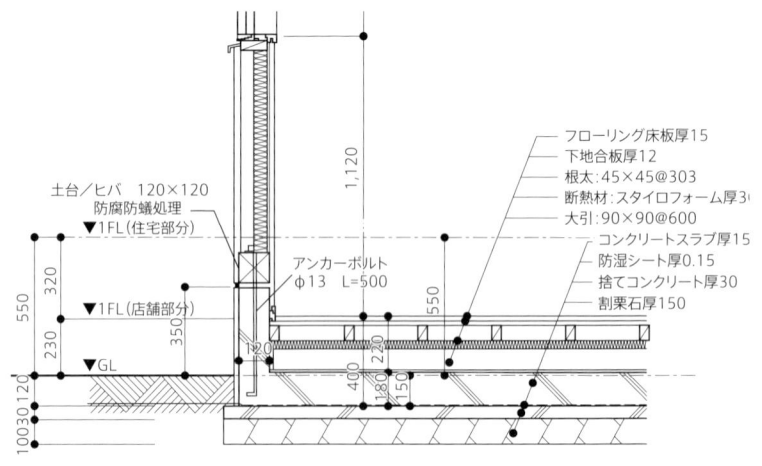

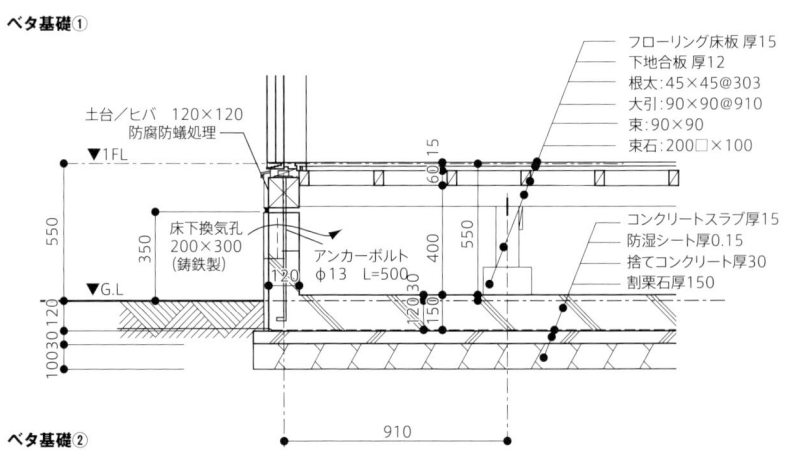

**布基礎**

**ベタ基礎①**

**ベタ基礎②**

## ❺ 木造の部材寸法

**2階床伏図**

❶1階と2階の柱の部材名称、断面寸法、間隔、主要間仕切り寸法線、位置などを記入します。
［1階柱（×）、2階柱（■）、1階・2階柱（▣）通し柱（◉）胴差し、桁、大梁、小梁、床根太、火打ち梁など］

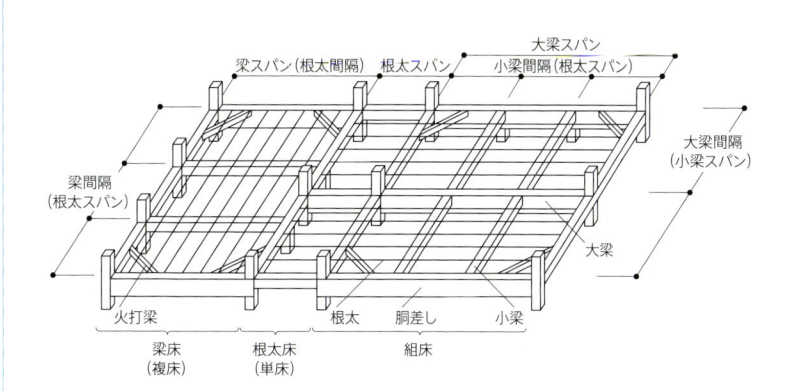

**小屋伏図**

❶和小屋の場合は、桁、小屋梁、棟木、母屋、垂木、火打梁、頭つなぎ等の配置、断面寸法、間隔、軒の出、主要間仕切り寸法等を記入します。
❷洋小屋の場合は、桁、合掌、陸梁、つなぎ梁、棟木、母屋、垂木、振れ止め、水平筋かい等の配置、断面寸法、間隔、軒の出、主要間仕切り寸法等を記入します。

**梁せいの略算方**
梁の幅120mmを1間間隔（1,800mm）で並べると、梁せいはスパンの約1/10〜1/12となる。試験でよく使うスパンを表に挙げた。

**根太の太さ**
製図試験では、通常、1階の根太は45mm×45mm（45mm角）、2階の根太は45mm×105mmのもので表記する。1階の根太より2階の根太のほうが太いのは、2階は1階の2倍の約1間程度（1,800mm）のスパンで用いられるためである。ピッチは通常は303mmだが、和室の場合には455mm程度となる。

### 部材断面寸法の目安

単位（mm）

■2階の床梁の断面寸法

2階の柱の状態を
(0)＝なし
(1)＝1本
(2)＝2本
として考えるとよい

| 梁間隔＼スパン | 1,820（1間） | 2,730（1間半） | 3,640（2間） | 4,550（2間半） |
|---|---|---|---|---|
| (0) @910 | 120×150 | 120×180 | 120×270 | 120×300 |
| (1) @1,820 | 120×180 | 120×240 | 120×300 | 120×330 |
| (2) @2,730 | 120×210 | 120×270 | 120×330 | 120×360 |

■小屋梁の断面寸法　軽い材料　成形セメント板・金属板など

| | 1,820（1間） | 2,730（1間半） | 3,640（2間） | 4,550（2間半） |
|---|---|---|---|---|
| @910 | 120×120 | 120×180 | 120×210 | 120×240 |
| @1,820 | 120×150 | 120×180 | 120×240 | 120×270 |
| @2,730 | 120×180 | 120×210 | 120×270 | 120×300 |

■根太の断面寸法

| 位置 | 大引・梁間隔 | 室 | 和室 | 洋室 |
|---|---|---|---|---|
| 1階の根太 | 大引間隔 | @910 | 45×60（45×45）@455 | 45×60（45×45）@303 |
| 2階の根太 | 梁間隔 | @1820 | 45×90<br>50×105 | 45×90<br>50×105 |

# ❻ RC造のエスキースのポイント

## 部材寸法の目安

❶柱：柱間1/10程度が一般的。
→柱の小径は、その構造耐力上主要な支点間の距離の1/15以上とすること（施行例77条五）
❷大梁：柱間の1/10程度が梁せい（高さ）、梁せいの1/2～1/3が梁幅
❸小梁：床スラブ25㎡に1本程度が必要。寸法は「梁せい（400mm）」×「梁幅（250mm）」程度
❹壁：横架材間（梁と梁の間）の垂直距離にかかわりなく、耐力壁（壁厚）150～200mmが一般的。
→壁の厚さは12cm以上とする（施行例79条の2）
❺床スラブ：厚150～200mmを一般的な寸法とする。
→厚さは8cm以上とし、かつ、短辺方向における有効な梁間長さの1/40以上とする（施行例77条の2）
❻屋根スラブ、階段スラブ：床スラブと同様。（小梁は、床スラブ25㎡に1本程度が必要）

## 主要構造部材表

主要構造部材表は、平成18年度の設計製図試験にはじめて要求された。「主要な柱」「主要な2階大梁」「主要な外壁」「主要な2階床スラブ」となっていたが、その目安を表に示す。

### 主要構造部材表（目安）

|  | RC造2階建<br>（単位2ミリ） |
|---|---|
| 柱 | 600×600<br>（700×700） |
| 大ばり | 350×600 |
| 小ばり | 300×600 |
| 床・スラブ | 150～200 |
| 地中ばり | 400×1100 |
| 壁 | 120～200 |

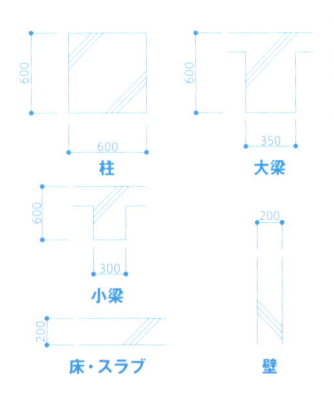

主要部位の断面

## ラーメン構造と部材寸法の目安

鉄筋コンクリート造（RC造）には、ラーメン構造、壁式構造、シェル構造などがあります。ラーメン構造とは、柱と梁を剛接合されたもので、壁、屋根スラブ、床スラブと一体的に構成される。各部材の寸法の目安は左のようになっています。

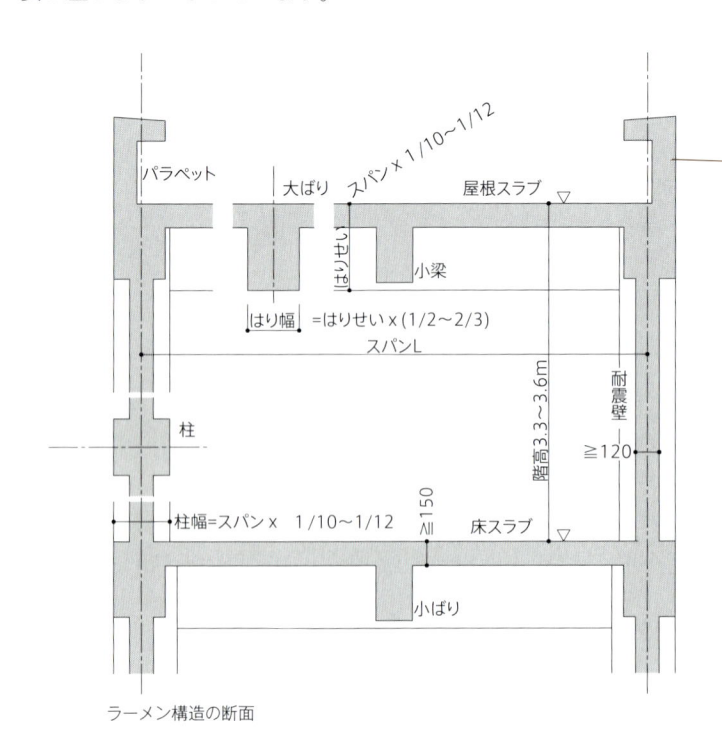

ラーメン構造の断面

## 基礎の選定

基礎はおおよそフーチング基礎とべた基礎の2つ。実務上、もっともよく使われるのがべた基礎です。

| 名称 | 直接基礎 |||
|---|---|---|---|
|  | フーチング基礎 || べた基礎 |
|  | 独立基礎 | 連続基礎 |  |
| 概要 | 柱をひとつの基礎で支持する。 | 建物周囲やはり下部に連続して、逆T字形断面のフーチングで支持する。 | 建物底部全体をひとつの基礎スラブとして支持する。 |
| 地盤の長期 | 30kN/㎡ ≦ N | | 20kN/㎡ ≦ N < 30kN/㎡ |
| 許容応力度 | | | 30kN/㎡ ≦ N |

# ❼ RC造のスパンの考え方

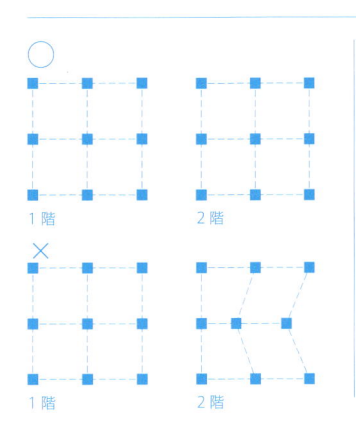

## 柱スパン割の考え方

1階と2階の柱の位置を揃えることが基本となります。

柱間(スパン)は4～10(4.5～9)m程度で考えます。下の表は、延べ面積が280㎡と比較的大きな2階建てのスパン計画を柱9本と柱12本で整理したものです。

敷地状況に応じて、長手方向と短手方向のスパンを決めます。設計製図試験では、柱12本のほうが、要求される諸室の配置が容易になる、と考えられます。

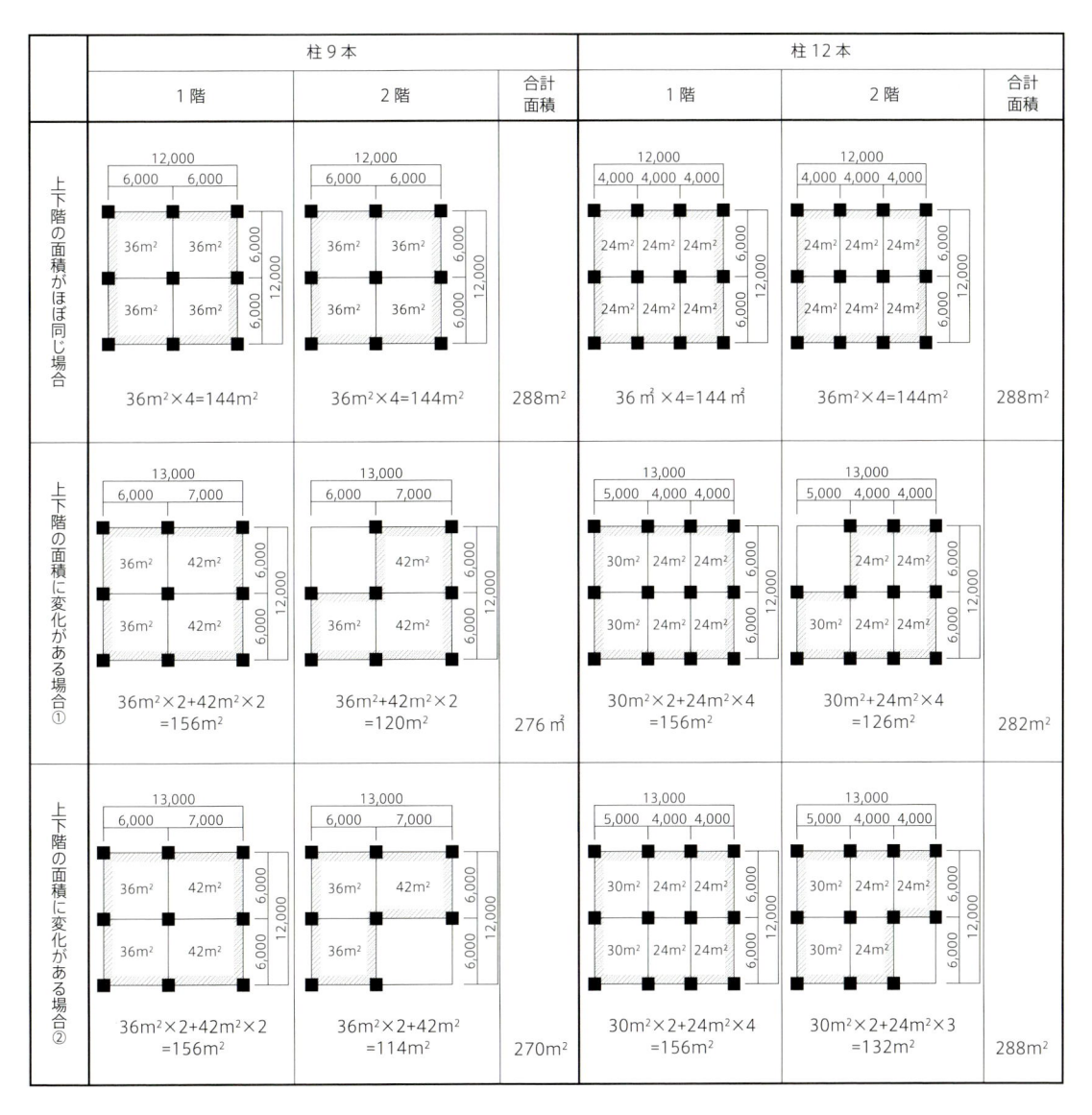

| | | 柱9本 | | | 柱12本 | | |
|---|---|---|---|---|---|---|---|
| | | 1階 | 2階 | 合計面積 | 1階 | 2階 | 合計面積 |
| 上下階の面積がほぼ同じ場合 | | 36㎡×4=144㎡ | 36㎡×4=144㎡ | 288㎡ | 36㎡×4=144㎡ | 36㎡×4=144㎡ | 288㎡ |
| 上下階の面積に変化がある場合① | | 36㎡×2+42㎡×2=156㎡ | 36㎡+42㎡×2=120㎡ | 276㎡ | 30㎡×2+24㎡×4=156㎡ | 30㎡+24㎡×4=126㎡ | 282㎡ |
| 上下階の面積に変化がある場合② | | 36㎡×2+42㎡×2=156㎡ | 36㎡×2+42㎡=114㎡ | 270㎡ | 30㎡×2+24㎡×4=156㎡ | 30㎡×2+24㎡×3=132㎡ | 288㎡ |

柱9本と柱16本のグリット割の参考パターン

設計製図試験研究会

増沢　幸尋（増沢建築設計事務所）
伊藤　正人（スタジオマヤステーション）
八田　　創（八田創建築研究室）
平林　智徳（アイテム建築研究所）
山中誠一郎（都市建築設計事務所デザインタンク）

2級建築士　エスキースでとく設計製図試験
2013年6月10日　第1版　発　行

|  |  |  |
|---|---|---|
| 著作権者との協定により検印省略 | 編著者 | 設 計 製 図 試 験 研 究 会 |
|  | 発行者 | 下　出　雅　徳 |
|  | 発行所 | 株 式 会 社 　彰 　国 　社 |

自然科学書協会会員
工学書協会会員

Printed in Japan

162-0067　東京都新宿区富久町8-21
電話　03-3359-3231（大代表）
振替口座　　00160-2-173401

© 設計製図試験研究会　2013年　装丁：榮元正博　　印刷：壮光舎印刷　製本：誠幸堂
ISBN 978-4-395-07442-6 C3052　　http://www.shokokusha.co.jp

本書の内容の一部あるいは全部を、無断で複写（コピー）、複製、および磁気または光記録
媒体等への入力を禁止します。許諾については小社あてご照会ください。